生きることの豊かさを見つけるための哲学

齋藤 孝

トランスビュー
TRANSVIEW

生きることの豊かさを見つけるための哲学

はじめに

突然ですが、あなたは今、幸せですか？

そのように問いかけられて、自信をもって「幸せです」と答えられる人はどれくらいいるでしょうか。

かつてのような成長が見込めなくなったとはいえ、世界を見渡せば日本という国は経済的にも社会的にも暮らしやすい国の一つだと思いますが、国民の幸福度という面ではあまり高くないように感じます。実際、国連が二〇一八年に発表した「世界幸福度ランキング」では、日本は五四位という結果でした。

もちろん、新婚だとか、大学に受かったとか、嬉しい出来事の直後であれば幸せだと感じるかもしれません。

しかし、多くの人にとって特別なことのない日常は、ともすれば「幸せ」という言葉とは遠いもののように感じられる。もしくは、ある種のあきらめをもって「まあ自分より恵まれない人はたくさんいるのだから……」とやりすごすようなものではないでしょうか。

現代人はストレス過多であると言われます。「働き方改革」が叫ばれる時代ですが、長時間労働がすぐになくなることは残念ながらなさそうです。

ドイツ出身の哲学者ハンナ・アーレントによれば、古代ギリシア人にとって、労働とは人間から自由を奪うものであったそうです。そして近代社会は、その労働に覆われた社会であると主張しました。

ＩＴの発達によって便利になれば、日々の労働量は減るかに思われましたが、むしろ人員削減によって一人当たりの仕事量は増加しました。どこでも誰とでも連絡が取れるようになった分、人は仕事から解放されることがなくなったのです。

また、個人に求められることの種類も増えています。たとえば、運送業者の配達員はこれまで荷物を届けることだけが担当の業務でした。それが今では「セールスドライバー」などと呼ばれるように、営業的な職務も担《にな》うようになっています。

仕事の幅が広がることはやりがいをもたらす良い側面もありますが、マルチタスク化は一人の負担を多くし、コミュニケーション能力などそれまでとは違ったことも要求されます。それが、ストレスを増加させているのです。

人は良いサービスを受けても、すぐにそれに慣れてしまいます。すると、さらに良いサービスを求めて欲望は止《とど》まることを知らず、みんながどんどん大変になるという悪循環が生まれてしまいます。

ストレスの原因は忙しさだけではありません。いい仕事に就き、高い給料を稼ぐことが望ましいとされる社会において、そこからあぶれた人はそのことがストレスになります。そもそも仕事や給料の良さとは、食べていくために必要なある一定以上は相対的なものでしかありません。しかし、金銭的欲望が自己増殖すれば、どこまでいっても満足を感じられない可能性があります。

かといって、仕事も義務もないことは（それで暮らしていけるなら）楽な人生のようですが、働いていないという状況自体が重荷となります。結婚している人は夫婦関係にストレスを感じる一方で、そうでなければ結婚していないということでストレスを感じてしまう。

経済的な困窮がつらいのはもちろんですが、食べていくのに困らなかったとしても、何となく生きていく意味を見出せない、やる気が起きない、面白くないなどと感じている人も少なくありません。

ましてや、現在の日本において大きな経済成長を期待することは難しく、高齢化社会に将来の不安を感じるのはしかたのないことですし、男女関係がうまくいかなかったり、仕事や試験に失敗したりすることは誰にでも起こりうることです。そうしたことがトラウマとなって、いわば過去が現在を侵食したような状態の人もいるでしょう。

つまり、「幸せ」の定義というのは曖昧で、単純に明るい未来を夢見ることができなくなった現代においては、誰もが「生きづらさ」を抱える可能性があるということです。

こうした時代に生きるうえで、どうすることが幸せにつながるのか？　そもそも生きることの豊さとは？　という問いをもう一度立て直して、考えてみるのは意味のあることではないかと思うのです。

本書では、私がこれまで研究してきた教育学や身体論、哲学などを参照しながら、そうした問いについて考えていきます。最後まで読んでいただければ、人生をより豊かに感じるヒントを見つけていただくことができるはずです。

二〇一九年八月

齋藤　孝

目次

第1章 生きることの豊かさを感じるために必要なこと

第2章 心と身体
——西洋近代を追体験してみる

第3章 日本人は身体をどのように考えてきたか

目次

第4章 教育と生き方の技法

第1章

生きることの豊かさを感じるために必要なこと

いつの時代も「憂《う》き世《よ》」は変わらない？

ストレスという言葉が知られるようになったのは比較的最近のことですが、生きているとつらい、というのは別に現代人に限ったことではなかったようです。たとえば、和歌には「浮世（憂き世）」を詠《よ》んだものがたくさんあります。

奈良時代の歌人山上憶良《やまのうえのおくら》の次の歌は、有名です。

世の中を憂《う》しと恥《やさ》しと思へども　飛び立ちかねつ　鳥にしあらねば

世の中がつらくとも、鳥ではないので飛び立てない、生きてゆくしかない、という思いです。

人生は基本的にはつらいものだ。それゆえに「諦《あきら》め」をもって生きるのだ、というのが、ゴータマ・ブッダの見抜いたところでした。生老病死（四苦）に、愛別離苦、怨憎会苦《おんぞうえく》、求《ぐ》不得苦《ふとくく》、五蘊盛苦《ごうんじょうく》の四つを加えて、八苦なのが世の中。すべてがつらいのだから、諦念によってそこから脱却することを目指すのが仏教の教えです。キリスト教の教えでも、人は生まれながらにして罪（原罪）を犯しているのですから、これでストレスがないほうがおかしいとも言えます。

だから、今も昔もストレスはあって当たり前だ、というのは正しいのですが、やはり現代特有の問題もあるでしょう。今に生きる私たちは、その現代特有の問題に対処していかなければなりません。

その一つが人間関係の変化です。都会での一人暮らしが増えるにしたがって、地縁血縁というものは失われてきました。かつて、それらは人生を縛《しば》るものでもありましたから一概に悪いとばかりは言えませんが、同時に支えも失うことになりました。

映画『男はつらいよ』の寅さんは放浪してばかりいますが、久々に柴又に帰ってくればぶつぶつ言われながらも「寅はああいうやつだからしょうがねえな」と、家族や近所の人たちに温かく迎えられます。こうしたほっと一息つける＝呼吸ができる場所は、多くの人にとって実は重要なものでした。

携帯電話やSNS（ソーシャルネットワークサービス）によって、人間関係はよりつながりやすくなったのではないかと思われるかもしれません。実際その通りなのですが、多すぎるつながり、緊密すぎるつながりは、人を疲れさせるものです。

「ソーシャル疲れ」などという言葉もできたように、つながらないさみしさとつながりすぎる疲労のあいだで、現代人は揺れています。

「生きづらさ」の正体

では、そもそもなぜ生きづらいと感じるのでしょうか？

あるいは、生きていることが豊かだと感じられないのは、なぜでしょうか？

それを社会のせいにすることは簡単ですし、社会を変えてより良い世界をつくろうとすることはもちろん大切です。

けれども、「はじめに」において、より良いサービスを求めることが逆に高ストレス社会につながることを見ました。「社会が良くなる」ことは、必ずしも個人の幸せを保障してはくれないのです。

だとすれば、少し視点を変えてみてはどうでしょう。

生きていることの豊かさは、すでにそこにあるにもかかわらず、それに気づいていないだけなのではないか。あるいは豊かさに触れていても、何らかの理由でその豊かさを感じ取ることができていないのではないか、と。

私たちの感覚があてにならないことは、日常的によく見られます。安いワインでも、高級そうなレストランで質の良いグラスに入れられれば美味しく感じられます。反対に高価なワインでも目隠しして飲まされたら、その良さに気づくことはできないかもしれません。

人生の豊かさについても同じで、環境が整っていれば気づくことができるのに、ぼんやりして気づかずに一生を過ごしてしまうこともあるのではないでしょうか。

たとえば、日本は基本的に仏教の国（神道につらなる八百万《やおよろず》の神々を含む形ではありますが）でした。しかし、最近は「葬式仏教」などと揶揄《やゆ》されるように、多くの人にとって仏教が身近なものではなくなりつつあります。皆が仏教の悟りを目指すべきとは思いませんが、古くから伝わる仏教の知恵を知っていれば、人生は大きく変わるだろうと思います。

孔子の『論語』も同様です。二五〇〇年の時を経て遺された知恵には現代でも学ぶべきことが多くあります。明治維新を牽引《けんいん》した西郷隆盛、日本に資本主義を根付かせた渋沢栄一ら偉人たちの思考の根本には論語がありました。だからこそ、江戸時代の寺子屋では論語の素読が行われていたのです。

翻《ひるがえ》って今の私たちはどうでしょうか。身についている論語の言葉を挙げろと言われて、すらすらと答えられる人がどれだけいるのか。

たしかに、それを知らなくても日々の生活には困らないでしょう。しかし、この巨大な知性に触れずに通り過ぎて人生を終える時、現代人は幕末の人々より豊かだったと言えるのでしょうか。

世界の豊かさに気づく「技」

こう考えていくと、少しヒントが見つかりそうに思えます。

現代は個人主義・能力主義の時代ですが、私たちは人生を自分一人だけで豊かに満たすことは難しいでしょう。偉大な芸術家ならば、湧き上がるインスピレーションによってそれができるかもしれませんが、誰もができるほど簡単なことではありません。

そこで、自分の中だけではなく、世界に目を向けてみましょう。

私たちは荒野に一人産み落とされたわけではないのですから、身の周りにあるものを利用すればよいのです。世界を見渡せば、日本人が、人類が築いてきた膨大な資産がそこにあります。その豊かさに、私たちの多くは気づくことができていないのではないでしょうか。

ただし、そうした世界に遍在する豊かさに気づくためには、技術すなわち「技」が必要です。その技を長い時間にわたって蓄積したものが「文化」と呼ばれるものです。

文化を知り、学ぶことによって人生の豊かさに気づけるようになる。それこそが、教育の役割です。学ぶといっても、文字になったものばかりではありません。人との出会いや身体的な実感によって、自分の知らない世界に開かれていくこともまた学びです。

単純なことを言えば、日本にはお天道様を拝むという昔ながらの風習があります。太陽が作物を育て、恵みをもたらすからで、太陽を神格化するのは世界中で見られることだと論理的に説明してしまえばそれまでですが、ふと太陽を見上げた時にそれを論理ではなく体感することがあります。

陽射《ひざ》しの暖かさを感じることで、経済的な豊かさといった次元ではなく、今日も生きていられるのはお天道様のおかげだと思う。この世界に生かされているという感覚と言ってもよいでしょう。これをスピリチュアルだと退《しりぞ》けるのは簡単ですが、身体が感じている実感を言葉にすれば、そうとしか言いようのないものです。

これは、最近よくある、「ありがとう」と口に出して言ってみることで幸運を引き寄せるといったものとは異なります。太陽のおかげだと身体で実感しているからこそその深さから湧き出る言葉や行為なのです。

『THE33』という映画は、二〇一〇年にチリのサンホセ鉱山で起きた落盤事故を題材にしたものです。六九日間にわたって坑内に閉じ込められた三三人の鉱山労働者の救出劇が描かれています。

助け出された人々の上には綺麗な青空が広がっており、それを見た彼らは「たまらなく美しい」「自分の青空のように思う」と口々に言います。地中に閉じ込められ、死の恐怖から生還を遂げて見た青空は、私たちが見ている青空と同じものであって、同じものではありません。

これが実感の深さから湧き上がってくるものです。その深く刻まれた思いはその人にとって一生のもので、それ以降、青空を見るたびに思い起こされるものになります。そこでは客観的な存在よりも、私たちが感じ取っていることが優先されます。

視覚障碍《しょうがい》者の方は、目で見ることはできないから健常者より受け取る情報が少ないのかと言えば、決してそんなことはありません。

たとえば、彼らが使う白杖《はくじょう》は身体の延長と言えるものです。杖の先の感覚や音で、目の前に何があるのかを察知することができる。それは視覚に頼る人には感じることのできないものでその意味ではより豊かな世界です。

情報化社会が「初めて」の体験を奪う

このように、豊かさとは自分の身体が感じ取るものです。そうだとすると、大事なのは、今、自分の身体が何を感じ取っているのかを正確に知ることです。

にもかかわらず、現代人の多くは自分の身体が存在しないものであるかのように振舞っている。これでは身体がせっかく感じ取ろうとしているものを閉ざしてしまいます。

パリ旅行に行くとなれば、エッフェル塔もルーブル美術館も見たいから、ルーブルに掛けられる時間は一日しかない、モナ・リザとミロのビーナスとあれやこれや見て……とガイドブックを片手に計画を立てる人も多いでしょう。

気持ちは分かりますが、ともすればせっかくの旅行が「確認作業」になってしまいがちです。見たことの証明書のような写真を撮って、SNSに上げることが目的化してしまい、そこには肝心《かんじん》の「体験」がありません。

本来、美術品を見ることの意味は、たとえばミロのビーナスを見たことによって開かれる新たな感覚を得ることにあります。写真を見るだけならば今や現地に行かなくてもできますが、それでは得られないものがたしかにあるはずです。その感覚なくして、旅行に行ったと言えるでしょうか。

知識と想像は体験を深めてくれることがあります。紀元前の美しい彫刻を一八二〇年に発見した農夫ヨルゴス・ケントロタスの衝撃を想像しながら、現物に接する時、感動が増します。

他方、デジタルデータだから体験を得られないということではありません。写真でも映像でも見返すたびに新たな発見があり、それらは体験と呼ぶことができます。

私自身、好きなアーティストのミュージックビデオを何度も見返すことがあります。他人から見れば、同じものを何回も見て何の意味があるのかと思われるかもしれませんが、それまで気づかなかった演奏のテクニックや演者の表情などを見出しているのです。

これは、他人のアドバイスによって気づくこともあります。学生に映像を見せた後に、二回目はここに注意するように、と言ってもう一度見せる。すると、学生は同じものを見ていても新たな体験をするのです。

私は子どもたちを教える際に、「すごい、すごすぎるよ」と思えるポイントを探すことを目指しています。この世界にあるものに「すごい」と感動した時に、人は世界が豊かだと感じられる。世界が豊かだと感じられれば、人生も豊かだと感じられるはずです。

教師の役割は、その「すごさ」を発見する術《すべ》を伝えることです。

先に、お天道様への感謝ということを例に出しましたが、さすがに現代人は太陽への感謝だけで生きていけるほど、シンプルで純朴なメンタルではいられません。歳を取るといろいろなものにありがたみを感じると言いますが、ナイーブに何事にも感動しすぎるのもどうかと思いますし、現代に生きる私たちが、プリミティブな時代の感性に戻るというのも現実的ではありません。

時代が進歩して新しいものが現れても、すぐにそれは当たり前になってしまいます。慣れは麻痺《まひ》と同じで、たとえば今、昭和の漫才を見てもあれほど面白いと感じていたものがそれほどでもないな、と感じられたりします。

テレビで共演したビートたけしさんが、ツービートとしてデビューした頃の自分たちの漫才よりも今のほうがレベルは高いと話されていました。当時、たけしさんのしゃべりのテンポはとても速いものでしたが、今から見ればたいしたことはないそうです。

慣れるというのは人間の特性ですが、それは不幸の原因でもあります。

豊かさを感じるという点においても、慣れることによって失われることがあるからです。それと同時に、現代は情報化社会で、何事も自ら触れる前に情報を得られるようになりました。それは便利である半面、「初めて」の瞬間を人から奪うことにもなっています。

先程お話しした旅行でもそうですが、人との出会いにおいても同じです。SNSなどのおかげで、事前に略歴やその人となりを下調べすることが比較的簡単になりました。本来、初対面というのは緊張するものです。その人がどういう性格の人なのか、どのような考えの持ち主なのかを会話や見た目を通して感じ取らねばなりません。

事前に情報があればそうした緊張はないかもしれませんが、代わりに先入見でしかその人を見ることができなくなってしまいます。すると、本来気が合う相手であったかもしれないのに、考え方が違う人として接することで、その機会を失ってしまっているかもしれないのです。

これを私は「査定社会」と呼んでいます。事前に情報を得て、自分にとって期待する価値をもたらしてくれるものかどうかを査定してしまうのです。

人と出会っても、その人は自分に利益をもたらしてくれるのかどうか、楽しませてくれるのかどうかだけに意識が行ってしまう。そうした人間関係は長く続きません。

お笑い芸人を見る視線も同じです。ネット記事のコメント欄などを見ると、「この芸人の何が面白いのか？」「ここがダメだ」といった記述をよく見かけますが、まるでみんながお笑いを査定して一家言持たないといけないかのようです。

けれども、「笑かしてくれるのかどうか」と思いながら、（悪い意味での）批評家スタンスで見るのは、視聴者のレベルが上がったのだと単純に言えるのでしょうか？　むしろ、私たちは楽しむチャンスを失っているのではないでしょうか。

面白さを五感を通して味わう

私たちは大人になるといろいろなことを経験し、多くのことを知った気になっています。自分は何も生み出していないにもかかわらず、他人がつくったものを評価することで満足してしまう。いわば、「感覚の老い」です。

ドイツの哲学者ニーチェは、そうした人々を、価値創造せず、すでにつくられている善悪の基準に縛られているだけだと批判しました。

子どもの頃を思い出してみると、多くの人にとって小学校時代の六年間は、直近の六年間よりも断然長く感じられたはずです。

小学校の担任やクラスメートの名前は鮮明に思い出すことができますが、中学高校となると次第に記憶が希薄になってくるのではないでしょうか。大人になれば一年があっという間に過ぎるようになり、五十代ともなれば五年前と三年前の区別もあやふやです。

一説として、人生全体が長くなるほど一年の比重が小さくなるからだとも、細胞の代謝の速度が影響を与えているからだとも言われますが、私の仮説は、人間の時間感覚に影響を与えているのは「初めて」の実感である、というものです。

小さい頃は、毎日が新鮮で豊かだったはずです。一日のうちにいくつもの新しい体験があり、その人の中に色濃く残ります。小学校に上がることは、大学入学とはくらべものにならないほど大きな事件です。初めての漢字や足し算・掛け算、すべてのことが目新しく新鮮で、ドキドキする感覚に包まれています。

私自身にもそのような記憶があります。私の通っていた静岡県の小学校では、四年生になると富士山五合目まで行って雪を見よう、という「雪見遠足」という行事がありました。静岡は比較的暖かく雪が降ることが少ないので、子どもたちにとってはものすごく楽しみなイベントでした。

私も例外ではなく、友人と一緒にそりを作ろうということになりました。私の実家は家具製造業を営んでおり、家には木がたくさんありました。友人と盛り上がって木をふんだんに使った豪勢なそりを作り上げ、それを遠足に持っていきました。

ところが、実際に雪の上で遊んでみると、重すぎてちっとも滑りません。となりではビニール袋をそり代わりにしている子がいて、そちらのほうが断然スピードが出ていたのです。私たちは愕然《がくぜん》としたわけですが、そんな昔のことであっても今、鮮明に思い出すことができます。

そうした子どもの記憶がよく表現されているのが、中勘助《なかかんすけ》の『銀の匙《さじ》』（岩波文庫）という自伝的小説です。

主人公の「私」は子どもの頃、東京の神田から小石川へ引っ越すことになりました。その新しい家では見るものすべてが新しく、嬉しくてしかたありません。その印象が身体的な実感を伴っていきいきと描かれています。

ゆずりはの木の「すべっこい葉をとって唇にあてたり、頰にこすってみたりする」、誰かが蟬をとってくれたが「そばへよるとあばれてぢゃんぢゃんいうのが怖かった」。家を建てている様子を見にいって、「杉や檜《ひのき》の血の出そうなのをしゃぶれば舌や頰がひきしめられるような味がする。おが屑《くず》をふっくらと両手にすくってこぼすと指の叉のこそばゆいのも嬉しい」。

ただ「面白い」ではなく、その面白さを五感を通して味わいつくしている様子が伝わってきます。

子どもは、豊かさを感じる天才です。私は幼い頃家で鰹節《かつおぶし》を削る担当だったのですが、しゅるしゅると薄い鰹節がかんなから出てくる様子や、その香りが楽しくてたまりませんでした。それは子どもながらにとても面白い仕事＝遊びでした。遊びだからこそ、楽しくお祭り気分でずっとやっていたい。そして、それが豊かな時間となるのです。

「遊び」と「笑い」という人間の本質

その「遊び」の豊かさを学問的に説明したのが、オランダの歴史学者ホイジンガです。

ホイジンガは人間を「ホモ・ルーデンス（遊ぶ人）」だと定義しました。人間の本質は遊びにあり、その遊びが元になって文化が生まれたのだと言います。

ホイジンガによれば「遊び」とは次のようなものです。

「遊戯とは、あるはっきり定められた時間、空間の範囲内で行なわれる自発的な行為、もしくは活動である。それは自発的に受け入れた規則に従っている。（中略）遊戯の目的は行為そのもののなかにある。それは、緊張と歓びの感情を伴い、またこれは〈日常生活〉とは〈別のものだ〉という意識に裏づけられている。」

（『ホモ・ルーデンス』高橋英夫訳、中央公論社、58ページ）

つまり、自分たちで決めたルールの中で、自分たちの楽しみを見出すという創造的な行為が遊びなのです。遊びは何かのためにするのではなく、遊び自体が目的だということです。

では、この遊びをしている時の楽しさとは何なのでしょうか？

楽しい時間に人は笑っていることが多い。この笑いの本質とは何かを考えたのがフランスの哲学者ベルクソンです。ベルクソンは、笑いとは人間に特有のものであって、孤立していては生まれない集団的なものだと言います。

彼は著書『笑い』の中で次のように書きます。

「本来的に人間的であるもの以外におかしさはない。たとえば、ある風景が美しいとか、（中略）見るに堪えないとかいうことはありうるだろう。けれども、それが笑いを誘うということはあるまい。〔また〕わたしたちがある動物をみて笑うということはあるだろう。けれども、それはその動物が人間のような態度や人間らしい表情をみせたことに驚いてしまったからだろう。」

（『笑い』増田靖彦訳、光文社古典新訳文庫、22ページ）

笑っている時の人間は生命感と人間らしさに満ち溢《あふ》れています。だからこそ、笑わせてくれる人は、人気があるのでしょう。一緒に笑えるというのは、ある種の緊張がほどけて開放感があるということです。それは遊びと共通する要素を持っています。

スポーツ観戦で起こる「身体の感情移入」

こうして見ていくと、遊びの中で楽しさを感じるというのは、とても身体的なことであるように思えてきます。

スポーツは現代における「遊び」のよい例です。スポーツの楽しみというのは、選手だけでなく観客にとっても、とても身体的なものだからです。

サッカーは世界的に見て最もメジャーなスポーツです。私はサッカーを観戦している時、もちろんプレーを見ているのですが、同時に観客の動作を観察することがあります。両チームの戦力が拮抗《きっこう》したいい試合ほど簡単には点数が入らないものですが、それは決して退屈ではありません。

緊迫した試合の中で、応援しているチームの選手が決定的なチャンスのシュートを外すと、サポーターたちがいっせいに「あーっ」とため息を漏らし、頭を抱えてのけぞる。その様子は驚くくらい各国共通しています。あるいは、ゴールが決まった時のガッツポーズもみんな似たような動作をします。

なぜ、習ったわけでもないのにそうなるのか？　それは身体の基盤が共通しているからではないでしょうか。

ゴールが決まった時はこぶしを突き上げましょう、残念な時は頭を抱えましょう、などと教えられたわけではありません。他の人がするのを見て真似《まね》をするというのはありますが、それも自分の身体感覚にフィットするからでしょう。そういう時の反応は、頭で判断してというよりも、身体が自《おの》ずと動き出してしまうからです。

また、上手いサッカー選手の動きを見ていると、次第に自分がその選手の中に入り込んで自分がやっているような感覚、言うなれば身体的な感情移入が起こります。

アルゼンチン代表で、スペインのFCバルセロナでプレーするリオネル・メッシは世界最高峰のプレーヤーですが、彼のプレーをずっと見ていると自分もメッシの気分になって、その他の選手が下手に感じられてしまうことがあります。もちろん、他の選手もプロですからとてつもなく上手いわけですし、自分がメッシの視点を持つのは錯覚です。

ボクシングを見ていて贔屓《ひいき》の選手が打たれると痛みを感じたり、アクションゲームをしていて自分の操作するキャラがダメージを受けると「痛い」と言ってしまったりするのも、同じことです。

こうした感覚は、ニュースで試合結果を見ただけでは味わうことのできないものです。自分の身体を重ね合わせるようにして見る試合は、緊張と解放の連続であり、一試合が終わった時にはジェットコースターに乗った後のように疲労します。もしかしたら、そんなハラハラし通しの試合であっても結果は0対0かもしれず、その結果だけだと興奮は起きないでしょう。

未来の分からないプロセスをともに生きることで興奮は生まれます。

ある時、私が楽しみにしていたサッカーワールドカップでの日本の試合の時間に、ちょうど講演の仕事が入ってしまいました。結果を聞かずに録画を見ようと思っていたのですが、会場の片隅から「日本が負けた」と耳に入ってしまったのです。

試合結果が分かってもプレー自体を楽しむことはできますが、やはり「運命と向き合う」という要素が大きく失われてしまうため、スポーツの躍動感を十全に楽しむことができなくなるものです。

スポーツを観戦していて起こるこうした身体「移入」感覚は、私たちが現実では見ることのできない世界を感じさせてくれます。

普通の人は、大谷翔平投手のように一六〇キロのボールを投げることも打つことはできませんし、ナダルやジョコビッチ相手に長時間テニスの試合をすることもできません。けれども、自分の身体をライブ空間に投げ入れる感覚で観戦することによって、その次元を追体験できるのです。

案内者の重要性

ただし、この「追体験」にはちょっとした技術というかコツが必要です。まず最低限のルールを知らなければなりませんし、映像で見ているのを当たり前のように行われている動きが、どれほどすごいのかを想像できなければなりません。そのためには、素人なりに自分の身体を動かしてみるとよいでしょう。

たとえば、アメリカではサッカーよりもアメリカンフットボールのほうが高い人気を誇ります。アメリカ中から選《え》りすぐられた運動神経の持ち主がアメフトの選手になるわけで、そんな選手たちの超人的なプレーを見るのが私は好きなのですが、日本での人気は高いとまでは言えません。

それは単純にアメフトに触れる機会が少なく、その面白さを理解する目が養われていないからで、とてももったいないと思うのです。五〇ヤードを超える独走や、大きなディフェンスを飛び越えてのタッチダウンは目も疑うばかりです。

こうしたことはスポーツに限ったことではなく、他の分野においても同じです。あることのすごさをそのまま受け取るには、まずそのすごさを感じられるような知識や技を身につけることが重要で、それを助けてくれるアドバイザーが必要になってきます。

『徒然草』の第五十二段に、「少しのことにも、先達《せんだつ》はあらまほしきことなり」という有名な言葉があります。これは、仁和寺《にんなじ》の法師が年を取るまで石清水《いわしみず》八幡宮にお参りに行ったことがなかったので、ある時ひとりで参拝しにいったという話です。

山の中腹にある神社で参拝を済ませると、さらに山頂に向けて登っていく人たちがたくさんいたが、自分は山ではなく神へお参りしにきたからと帰ってきてしまった。けれども、実はその山の上に石清水八幡宮があったということで、こんな簡単なことにも案内役（先達）となる人があってほしいという内容です。

旅行でもスポーツでも勉強でも、案内者がいないとその良さがわからずに終わってしまうことがあります。それは非常にもったいないことです。

実は知られていない学校のすごさ

私たちの人生において、最高の案内者は学校ではないでしょうか。

たとえば数学なら、ニュートンやライプニッツが発見した微積分がいかに素晴らしいか。

そこに至るまでの小学校の算数からの道のりがきっちりと示されています。人が自力で微分積分に到達することは、よほどの天才でなければ一生掛かっても無理でしょう。それをわずか数年で誰でも知識として得られるようになるのは、実はすごいことです。

にもかかわらず、多くの人はそのすごさを感じられていません。ここに今の学校教育の問題点があります。

たとえば『国語便覧』というものがあります。万葉集から近代文学まで文学史にまつわるさまざまな情報が掲載されていて、大人になって読んでみると意外に楽しいし役に立ちますが、あまり知られていません。世界史資料集なども同様です。豊かな情報はそこにあったのに、在学中はそれに気づかず、卒業後には捨ててしまうのです。

そこで重要なのが教師の存在です。教科書は膨大な知識を簡潔にまとめたものであり、いわば学問の「冷凍食品」です。そのままでは食べることができないので、教師はそれを解凍して調理する役割を担うのです。

だからこそ、いい先生に習うと同じものが美味しく、すなわち勉強が面白く分かりやすいものに感じられます。英単語を覚えるのでも、呪文のように書き写すのではなく、その語源や語幹の意味などから歴史を読み解いたり、語感など文学的なニュアンスを伝えたりできるのがいい教師です。

これらは新しく学ぶことに限ったことではありません。日本人ならば漢字のことはよく知っていると思うでしょう。しかし、日本人は漢字を野暮ったいものとしてデザインから避けてきた一方で、外国人は漢字に格好よさを見出して漢字のTシャツを着たり、タトゥーを彫ったりしています。使い慣れているからこそ、日本人は漢字の魅力に気づけていないのかもしれません。

そうした時に、漢字の成り立ちを研究した白川静さんの本を読むと、漢字の持つ魅力に改めて気づかされます。

たとえば「降」という字はなぜ、こざとへんなのか。そもそも、こざとへんというのは神様の世界とこの地上とをつなぐ階段を表したものだと白川先生は言います。降という漢字は神様が階段をつたって降りてくる様子を表現したものなのです。

すべて語源に遡《さかのぼ》る必要はないですが、成り立ちを知ることで漢字の形の面白さに気づくことができます。何よりも毎日使っているものの面白さに気づかないせいで、それを逃してしまうのはもったいないことです。

このように世界には豊かさがたくさんあり、その目の前の豊かさを感じられるようにさえなれば、幸せに生きることができる。だとすれば、人生の悩みは「世界の豊かさを味わうには人の一生は短すぎる」ということになります。

もちろん、これは理想論かもしれません。人生には、上手くいかないこともつらいこともあります。人それぞれ、与えられた条件に差はありますから、人類が皆等しく幸せになることは難しいでしょう。それでも、その与えられた環境で、人それぞれが豊かさを感じることはできるはずです。

職業も身体感覚で選ぶ

人生の幸福度を大きく左右するのが職業です。仕事にすべてを捧げる生き方をするかどうかはその人次第ですが、多くの人は平日の大半の時間を働くことに費やすことになるのですから、そこに満足があるに越したことはありません。

私の教え子たちも、大学三年生ともなると就職を意識しだします。最近は売り手市場だと言われますが、それでもどの企業が自分にふさわしいのかを判断したり、志望動機を考えたりするのは大変そうです。私自身は教職志望の学生を教えていますから、その道に進む人もたくさんいます。

職業を選ぶ際にも、身体感覚というのは重要です。年代によって差はあるものの、就職活動となると企業の知名度や見栄《みば》え、給与などの待遇で選ぶことが多いようです。

しかし、残業が月に何百時間にもなるようなブラック企業は論外としても、多くの仕事はラクして儲かるものではありません。大変さに直面した時に、その仕事が自分にとって身体的にフィットしているかどうかというのは重要な指標になります。

最近は報道もされるようになりましたが、教師の仕事は世の人が思う以上に大変です。夏休みがあっていいですね、などと言われることもありますが、教師は夏休みでも出勤しているし、部活動も見なければいけません。私の教え子にも半年で取れた休みが数日だったという人がいました。

それ自体は改善すべき状況ですが、ただ、そんな大変な環境でもやはり教えることは楽しいという人がいます。休みはちゃんと取る必要がありますが、忙しい中でそうした楽しさを感じられるかどうかは、仕事選びの際に重視すべきことです。

これも教え子の話ですが、東京でいわゆる一流企業に就職したけれど、うかない顔をしていた。ある時、その会社を辞めて九州に里帰りして再就職したら、水を得た魚のように生き生きするようになりました。あとで最初に勤めた東京の会社を選んだ理由を聞いたら、一番大きかったのは給料の良さだったということでした。

就職に関しても、今は膨大な情報があります。就職情報の企業による詳細な分析や同期の学生の口コミ、SNSの書き込みまで、すべてをチェックしているうちに、自分が本当は何を選びたかったのか見失ってしまう学生も多い。

そうした時に何が手掛かりとなるでしょうか。

私は、それは身体の奥底にある感覚であり、必要最低限の情報を得たら、最終的には自分の身体の声を聞いてみるべきだと考えています。

このように言うと非科学的なように聞こえるかもしれませんが、人は案外、自分が何を感じているのか分かっていないものです。もしくは、それを感じていても言葉やイメージとして把握できていません。

ユージン・ジェンドリンというアメリカの心理学者は、こうした曖昧な人の実感を明確にさせる「フォーカシング」の方法論を確立しました。フォーカシングとは心理療法の一種で、言語化されていない自分の内面に触れるというものです。まだ言葉にならないもやもやとした気持ちのようなものをフェルトセンスと呼び、それを顕在化させる方法です。

もやっとした感覚に焦点を当てる（フォーカスする）には、まずは違和感に注目するとよいと思います。

ふとした時に、それまで友人だと思っていた人に違和感を覚えたことはないでしょうか。本当はその人に嫉妬《しっと》を抱いていたかもしれませんし、そもそも仲間外れになるのが嫌だったので無理に付き合っていたのかもしれない。

だからその人と絶縁したほうがいい、と言うのではありません。けれども、自分の持つ感情を素直に認めることで、しこりやわだかまりが溶けていくはずです。

振り込め詐欺の被害者も、後から考えてみると第一印象で変だな、と感じていることが多いと聞きます。にもかかわらず、身内の事故などパニックになって判断が鈍ってしまうような手口で騙《だま》されてしまう。

第一印象の際には余計な情報がないので、身体の感覚が開かれた状態だったから違和感を察知できたのです。そのように自分の身体を開いた状態で問いかけてみることを習慣にすることが大切です。

ファッションセンスと呼ばれるものの正体も、自分の身体にフィットするものを選べるかということだと思います。おしゃれな人ほど、ブランドや値段にかかわらず自分に似合うものを選ぶことができます。

反対にそうでない人は、ブランド物を身につけてもブランド品に見えません。何を隠そう、この私がそうです。それなりのものを着ても、ブランドの価値を消してしまう。ギリシア神話に出てくるミダス王は触れるものを何でも黄金に変えましたが、私はその逆なので、自分で「逆ミダス王」だと言っています。

誰も身体の使い方を教えてくれないという不満

私自身の話になって恐縮ですが、なぜ自分が身体を研究のテーマとしたのかについてお話ししたいと思います。

中学生時代は、毎朝と放課後にテニスの練習に明け暮れる日々を送っていましたが、三年生になって受験が近づくとそれがなくなりました。すると身体的にも精神的にも異常をきたしたのでしょう、初めて人生をむなしいものだと感じたのです。その感覚は高校に入って部活を始めると消え、そして大学受験を迎える高校三年生になると再びやってきました。

そこで気づいたのは、運動をしなくなることによってそれまで発散されていたエネルギーが溜まってしまったのが原因なのではないか、ということです。心身のバランスが崩れることが、こんなにも大きな影響を与えるのだ、と。だから、大学に入ってからはこうした心身のバランスを整える手法を勉強しはじめました。

まず、ドイツの精神科医シュルツが提唱する自律訓練法を学びました。これは、手や足が重くなる、おなかが温かいなどというように、身体の現象について自己暗示をかけることで、自律神経が鍛えられるというものです。

さらに、ヨガを習いにいき、そこで完全呼吸法を学びました。呼吸の重要性に気づいたのはこの時でした。

ヨガにおける呼吸は息を吸うのではなく、吐くことが基本になります。お腹と背中がくっつくくらいに息を吐き切れば、自然に入ってくるのであって、それが深い呼吸となります。通常は息を吐き切る前に吸ってしまうので、呼吸が浅くなってしまうのです。

人は考えごとをしていたり、緊張したりすると、無意識に呼吸が浅くなってしまいます。睡眠時無呼吸症候群という病気がありますが、起きている時にもしっかりとした呼吸ができなくなってしまうので、いわば「覚醒時無呼吸」の状態です。

試験などで分からない問題があると、呼吸が浅くなりパニックになってしまって、そのまま他の問題も解けずに終わってしまうことがあります。一方、何かの拍子に、ある問題で解法がひらめいてそこから落ち着きを取り戻してみると、それまで解けなかった別の問題も難なく解けるということもありました。

ならば、実力を発揮するためには、何よりも呼吸を整え、心身のコンディショニングを維持することが大事であると考えたのです。

しかし、高校までの教育ではこうしたことは習いません。せいぜい「深呼吸をして落ち着くように」というアドバイスがあるだけで、本当の深呼吸のしかたを誰も教えてくれない。このように身体技法を基盤とした教育がないことが、私は不満でした。

実は、在籍したのは法学部で、当初は裁判官になることを目指していました。しかし、こうした不満もあって、大学院では教育学研究科に進み研究することになったのです。

人生に大きな影響を及ぼす、身体をコントロールする術を知らずに生きていくのは大変な損失です。

たとえば、恋愛を考えてみてください。人は恋に落ちた時、とても高揚してエネルギーが溢れています。これは「恋愛的身体」とも言える状態で、こうした時には何もかもが幸福に感じられますが、そうした時期は長くは続きません。恋愛的身体でなくなった時に、目の前にいる人に興覚めするなんてことがしばしばあります。

これは身体のモード（状態感）の問題です。

フランスの思想家ジョルジュ・バタイユは「蕩尽《とうじん》（消尽）」という概念を提唱しました。リオのカーニバルやだんじり祭りなどを思い浮かべると分かりますが、人間にはエネルギーを使い果たしたい欲求があります。そこにはいわゆる経済的な考え方とは異なる基準があり、何かの利益のために踊ったりするのではなく、ただただエネルギーを放出することが目的となっています。

こうした身体エネルギーを基準とした、言うなれば「身体エネルギーの経済学」として人間を捉えることができないか、そしてそれを具体的な教育法に落とし込むことができないかと考えたのです。

身体的経験を通して豊かさを発見する

こうして考えだした教育法の根幹にあるのは、本書の主題である「豊かさの発見」です。学問の成果で得られた知見を、学校では子どもたちに教えるわけですが、その面白さをいかに伝え、身体的に習得できるようにするかが主眼となっています。

拙著『声に出して読みたい日本語』(草思社)で提唱した音読は、その一つです。

何も私が初めて言い出したことではなく、江戸時代の寺子屋における論語の素読や、体をゆすりながらコーランを唱えるアラブの子どもたちを見ても、それは人類が受け継いできた知恵だと分かります。琵琶《びわ》法師が平家物語のような長大な物語を暗記できたのも、七五調と節があったからでしょう。今であれば、ダンスや音楽を組み合わせてもよいかもしれません。

身体を通して得られたものは「これが本物だ」と感じやすい。言葉遊びのようですが、現代で失われつつある「身銭を切る」という感覚も重要です。

今はさまざまな情報をタダで得ることができます。ネットにつなげばほとんどのニュースを知ることができますし、音楽も映画も、それなりに動画サイトで視聴可能です。そのため、コンテンツに対してお金を払うという感覚が育ちにくい。

かつて、なけなしのお小遣いをはたいて買ったレコードを文字通り、すり切れるほどに聴き込んだものですが、そういうこともなくなってきています。ダウンロードされたものは便利ですが、モノとしての存在感に乏《とぼ》しいのです。

このようなことを言うと、時代に逆行しているようですが、もちろん音楽や映画の定額配信サービスはとても便利ですし、それまでにはない出会いをもたらしてくれる側面もあります。

だから一概に悪いわけではありませんが、そのコンテンツの価値を身体的に感じることがなくなれば、受け取る感動は薄いものになるでしょう。その一枚を聴き込む（聴き込まざるを得ない）ことで、発見できる面白みもあります。

身体的な体験は、ただその環境に身を置けば得られるというものではありません。いくら体験をしても知識がないことによって素通りしてしまうことがあるのは、前述のとおりです。何の知識もなしにルーブル美術館を訪れても、ただ膨大な美術品を前に歩き疲れるだけかもしれませんが、そこに良い解説者（先達）がいれば、絵の背景や見どころを知ってより良く鑑賞することができます。

そこで、私の授業でやっているのが、学生たちに一分間で絵の良さを説明してもらうということです。別に知らない絵でも構いません。その場でスマホを使って検索して得られた情報をまとめて、絵を見せながら、その絵を知らない人に対して面白さを説明するのです。それを四人一組になって順番にやってもらう。

すると、決してくわしくはない美術の話で、その四人組が盛り上がれるようになります。

さらに、自分で良さを説明すると、次第にその絵が好きになってくるという効果もあります。自分にとっても他人にとっても、お互いに刺激しあう空間ができあがるのです。それが、世界が広がるということです。

より良い体験のための知識は、いろいろな場面で必要になります。たとえば食においても現代人はより美味しいものを求めます。食べるという行為は単純に味覚だけでできているのではなく、視覚や嗅覚を総動員して行われていますが、今はそこに知識も加わっているように思います。

牛肉であれば何牛で、どこで育てられたのか、野菜であれば産地だけでなくどのような農家が育てたのか、料理人はどのような思いで作ったのかが情報として加わることによって、美味しさをより感じられるようになるのです。

古代ギリシアの数学者ピタゴラスは、音楽とは調和（ハルモニア）であるとしました。実際、音楽の勉強をすると分かりますが、西洋音楽の理論は非常に数学的なものです。そうした数学的な理論を意識しつつ、よい音楽を聴いてみると、新たな美しさを知ることができるでしょう。私はバッハの「ゴルトベルク変奏曲」には、数学的な美を感じます。

幸せのスイッチ

このように、これまで知らなかった良さを発見することが、幸せを感じることにつながります。新たな世界を知ると、身体が沸き立つ感じがします。

分子生物学者の村上和雄先生は、私との対談の際、「遺伝子がスイッチオンになる」という表現をされました。動物も人間も、遺伝子はすべてが活性化されているのではなく、眠っている状態のものがあるそうです。

クローン羊のドリーを生み出すにあたり、遺伝子をコピーするためには全遺伝子のスイッチがオンの状態になっている必要があるのですが、遺伝子をオンにする方法は当時まだ確立されていませんでした。電気で刺激を与えるなどしてもだめでしたが、ある時、羊を飢餓《きが》状態にすると全遺伝子がオンになるということが分かったのだそうです。

これをアナロジーとして考えてみると、私たちが幸せを感じにくくなっている現状はあながち悪いとばかり言えないのかもしれません。ある種の渇望感は、人間が幸せを感じるためのスイッチをオンにしてくれるかもしれないからです。

ある時、白湯《さゆ》が健康にいいと聞いて紅茶やコーヒーを飲むのをやめたことがあります。しばらくしてから再び紅茶を飲んだ時の感動は忘れられません。世の中にこんなに香りがよくて美味しい飲み物があるのかと驚きました。

漫画家の藤子不二雄さんは自伝漫画『まんが道』の中で、富山で暮らした子ども時代に週刊漫画がくるのを待って二人で貪《むさぼ》るように読んだというエピソードを描いています。何度も何度も繰り返し読んで、台詞をすべて覚えてしまう。こうしたことは誰しも経験があるのではないでしょうか。

「にほんごであそぼ」という番組で長年ご一緒している佐藤卓《たく》さんという有名なデザイナーがいます。彼はサーフィンが好きで、特にハワイの海がいいと言います。しかし、多忙で行く時間がないので、最近はハワイの海の映像を見るだけで、実際に行ったかのような気分を感じられるようになったそうです。

その佐藤さんがお薦めだという『SURF IS WHERE YOU FIND IT』(ジェリー・ロペス著、美術出版社)という本をくれたのですが、その帯には次のような言葉がありました。

「波は自分の気持ち次第でどこにいても見つけられるものだ…が、実はどんなときでも目の前にあるものなのだ」

これは、佐藤さんの達した境地であり、私が本書で言いたいことでもあります。いい波がこない、ハワイに行けないと愚痴《ぐち》をこぼすのは簡単ですが、それでは生きることの豊かさを感じることは難しいように思えます。

自然の波は一つとして同じものはなく、波に乗るというのは、その瞬間瞬間がチャレンジであるからこそ面白い。人生というのもまた波と同じものではないでしょうか。

現代人は「頭でっかち」の状態

私は本書で、「幸せとは何か」を哲学的に突きつめて考察する、といったことをやりたいのではありません。むしろ逆です。頭でっかちに幸せについて考えるのではなく、身体的な側面を思い出すことで、本来そこにある幸せに気づくことができるということを示したいのです。

ヨガなどの身体技法を学ぶ中で、私は自分自身が、そして現代人がいかに「頭でっかち」の状態に陥《おちい》っているかということに気づきました。

しかし、「理性＞身体」という考え方が身についてしまった人に身体の知恵が大事だと言ってみても、なかなか納得してもらえません。下手をすればエセ健康法と捉えられかねないので、本書では逆に、西洋的な理性を突きつめた哲学者たちの思考をたどることで、身体に到達する道筋をとっていきます。

ドイツの哲学者ニーチェは著書『ツァラトゥストラ』の中で、「肉体は大きな理性である」と書きました。

当時のヨーロッパでは、キリスト教の影響で、神の世界（天上界）が素晴らしいものであり、人間の住む大地は価値の低いものであるとされてしまっていました。いわば神が上から人間を押さえつけている状態であり、ニーチェによれば、人間はその「重さの霊に屈してはならない」。私たちの大地＝身体を信じろ。そうすれば人間は自由にはばたけると言うのです。

このようにニーチェも身体の喜びを強調し、「ロバ祭りのようなバカげた祭りが大切。楽しもう」と述べています。

ツァラトゥストラが「これが生だったのか。よしもう一度」と、ファウストが「時よ止まれ、おまえは美しい」と言ったように、人生を肯定できるのが望ましい。けれども、人生を振り返ってすべてを肯定するのはとてもハードルが高いですし、振り返ることができるのは死ぬ時ですから、肯定したとしてもさほど意味があるとは思えません。

私は、何も人生すべてを肯定しなくとも、一瞬であってもそのように思える時が人生の中であればよいと思います。何かに感動できれば、その感動を得るまでに経てきた時間は肯定されるのではないでしょうか。

教え子に早稲田大学が第一志望だったけれども、試験に落ちて明治大学に入学したという学生がいました。しかし、明治に来たことで私の授業を取り、教師になった。教師が天職だと思うから、早稲田に落ちたことも含めて「よかった」と二人で話したことがあります。

こうした自己肯定感を持つことが大切ですが、それを自分の内面だけに求めてしまうとなかなか厳しいものがあります。自分自身だけを見て、それをすべて肯定するとなると完全無欠でなければなりませんが、人間はそこまで完璧ではいられません。かといって自分を甘やかして肯定するのは、単なるわがままです。

だとすれば、自分が生きている世界を肯定し、その世界とをセットで自分を肯定すればよいのではないでしょうか。

ドイツの哲学者ハイデガーは、人間とは「世界内存在」であると定義しました。世界の中に投げ出されて生きている存在が、人間であるというのです。そのような現象学的な考え方は、人生を捉えるためのヒントになります。

あるいは、身体の現象学を追究したフランスの哲学者であるメルロ＝ポンティ流に言うと「身体としてこの世界に住み込んでいる」ということになるでしょう。

私たちは、世界の中に抽象的な存在としているわけではありません。身体という物質によらなければ、私はこの世界にいられない。もし、私たちの身体がニュートリノのように微小な粒子であったら、地球さえ通り抜けてしまいますから、人間という存在はまったく違ったものになるでしょう。今の人類のような眼を持ち、手があるから、世界は今のように感じられるのです。

生物学者ユクスキュルは、著書『生物から見た世界』において「環世界」という概念を唱えました。生物は世界をそのままではなく、知覚できる範囲において捉えているというものです。

マダニは、血を吸うために木の枝で動物を何年でも待ち続けますが、動物が来たことを体温と酪酸《らくさん》の匂いで察知します。つまりマダニにとって、世界は酪酸と体温で構成されていて、人間が認知する世界とはまったく別物なのです。

アメリカの小説家ポール・オースターは『ティンブクトゥ』という作品で犬から見た世界を描き、それを「匂いの交響曲」と表現しています。これは犬の世界における身体的な喜びをとてもよく表していると思います。

私も犬を飼っており、よく散歩に出かけます。他の飼い主を見ますと、なかには人間がすたすたと歩き、リードにつながれた犬がただ付いていくだけというのも見かけますが、これでは「犬の世界」を味わうことができないのではと心配になります。うちの犬は散歩途中に突然匂いを嗅《か》ぎだすことがありますが、ある時それが猫の痕跡だと分かりました。これも人間には見えない犬の世界です。

そう考えると、人にもそれぞれ自分の世界があるということです。そして自分のいる世界を見渡して、肯定できる要素を見つけることができれば、そこに住む自分自身も肯定できることになるはずです。

失われた日本人の身体性

不幸なのは、日本人が培《つちか》ってきた身体性は、戦後失われてしまったことです。

ＧＨＱは軍国主義的なものの温床として武道を禁止し、そこに含まれた身体文化までが否定されてしまいました。後にスポーツとして解禁されたものの、そこで失われたものは大きいと言わざるを得ません。

もちろん、軍国主義は排するべきですし、ある種の日本的なものがその温床になったことは否めません。とはいえ、江戸時代までの武士が培ってきた身体性は、日本人にとって大切な文化であったことも事実です。

能や歌舞伎、狂言などを見ても、それぞれの役者たちが継承している身体文化がありますが、かつては日本人みんながそれを実感できていたはずです。現代の子どもたちが何の予備知識もなく、それらを感得することは無理な話でしょう。

「臍下丹田《せいかたんでん》」という言葉一つをとっても、かつては日本人にとっての共通認識でしたが、今はそうではありません。身体の軸や中心といった概念がなくなってしまったのです。


こうした失われた日本の身体性を「腰肚文化《こしはら》」として取り戻すというのが、私の研究テーマでした。「日本とは何か？」というのは、西洋化された生活を送る現代日本人にとって大きな関心事です。

これは、「日本はすごい」と自画自賛したり、自国と比べて他国を見下したりすることとはまったく異なります。明治維新と戦後という二つの断絶によって失われたものがある。そこを意識して、本来受け継ぐべき文化を見直してみたいと思うのです。

山折哲雄さんは『「坐」の文化論』（講談社学術文庫）で、日本人がなぜ座るようになったのかについて、インドのヨガやブッダの坐法に遡《さかのぼ》って考察しています。この「坐」というのは、単に座る行為だけでなく、日本においては一つの文化と呼べるものになっています。たとえば俳句をつくるのも、最初は一人ではなく「坐」という枠組みの中で連歌として成立しました。

身近なところでは、居酒屋でも椅子《いす》席より座敷や掘りごたつのほうが落ち着く、というのが多くの日本人の正直なところではないでしょうか。若い人は自宅でも椅子中心の生活をしていることが多いかもしれませんが、それでもなんとなく坐の空間が懐かしく感じられるのは、文化としての身体感覚の名残《なご》りだと思います。

何も過去に戻れとか、昔と同じ生活スタイルをしろということを言いたいのではありません。私は、日本人が持っていた身体文化を「技《わざ》化」して取り入れることを提唱しています。それによって、頭で考えているだけでは得られない幸福感を、身体を通して得られるようになるはずです。

ミケランジェロは、大理石を見ただけでそこにあるべき像が埋まっていることを感じられたと言います。私たちがミケランジェロになることはできませんが、作品を見てどのように作られたのかを知ることで、その眼力を追体験することは可能です。ゴッホが描いたように空をうずまくように描いてみれば、ゴッホの「技」を通して世界を見ることができるようになります。

そのようにして世界のすごさを味わうことは、生きていることの素晴らしさを感じる最も良い方法の一つです。

人間中心の考え方をやめてみる

実力主義の世の中で、個性や才能、主体性といった言葉がもてはやされるようになりました。もちろん、個性も才能もあるに越したことはありませんが、それを重視しすぎると「特別」であることにしか価値がないのだと思ってしまい、生きるのがどんどんつらくなってしまいます。

大きな目で見れば、私たち個人の差異はほとんどないとも言えます。近代の個人中心主義は、あまりに人間を重要視した結果、精神的には行きづまりを生んでしまったのではないでしょうか。

ゲーテは『ゲーテとの対話』の中で、近代人が個性を重視するのは病的であり、古代ギリシアの健康さを取り戻すべきだと言っています。

自分が「何者か」でなければならないという圧力がかかると、内面を削り取るように探した挙句、「大したものがない」と意気消沈してしまいがちです。

そもそも、「自分はすごい」と主張するかのような表現は（芸術表現だけでなく日常の会話でも）人を感動させません。本当に他者を感動させることのできる表現は、その人が世界そのものになりきって、世界の美しさや凄《すご》みを他者に気づかせてくれるからこそ生まれるものです。

だからこそ、自分の外にある豊かさに気づくことが大切です。

外にある豊かさに気づくためには、飢餓状態、案内者を見つける、他人と相互に刺激しあう、細部に注目する、などの方法があります。それらを「技」として身につけられれば、誰でも豊かな人生を送ることができるようになるはずです。

技とは、井戸を掘るようなものです。一度掘ってしまえば、水をくみたい時にくめるようになる。技というのは、何度も繰り返して身体に覚えこませることで身につきます。何度も繰り返していたら、新鮮さが失われてしまうように思うかもしれませんが、そうではありません。

ラーメンを毎日食べ続ける人に対して、普通の人は「飽きないのかな？」と思います。しかし、その人にとっては、麺やスープの製法や原料などに詳しくなるので、他の人よりも新しいものをどんどん発見できるようになって飽きることがありません。それと同じで、技を身につけると、その技によって日々の新鮮さが失われなくなります。

微妙な差異に気づけるようになると、この世界は奥深いものになります。

そのようにして、生きることの豊かさを感じる「技」を読者の方に身につけていただけたらと考えています。

第2章

心と身体

――西洋近代を追体験してみる

西洋近代を克服するために

前章で述べたように、人生に豊かさを感じられないことの多い現代人は、いわゆる「頭でっかち」の状態になっていると私は考えています。近代の理性は人類の大きな進歩に貢献しましたが、それによる行きづまりももたらしました。

その結果、西洋哲学においては、伝統的な「心身二元論」を克服しようとする「身体論」と呼ばれる考え方を、さまざまな思想家が提唱するようになりました。

では、西洋の哲学者たちは身体について、どのように考えてきたのでしょうか。

私が大学で勉強していた一九八〇年代には、市川浩さんの『〈身〉の構造』をはじめとして、身体論の盛り上がりがありました。それ以前に、メルロ＝ポンティが「身体性の哲学」と呼ばれるような、現象学をベースにした考え方を打ち出していました。メルロ＝ポンティは、デカルト以来の西洋哲学における心身二元論を克服しようとしており、その考え方に私は共鳴しました。

一方で、日本人として東洋的な感覚を持っている身としては、最初から心身をそこまで明確に分離して考えてはいないようにも思えます。何を今さら、という部分もあったわけです。

そこで、メルロ=ポンティが克服しようとしたものやその大変さを正確に理解するために、心と身体は別のものであるという西洋的心身二元論に、一度あえて入り込んでみる必要があると考えました。

本章では、デカルト以降の西洋哲学の流れを簡単に振り返ることで、当時の私の「疑似克服体験」を読者の皆さんにも追体験していただきたいと思っています。

なお、せっかくの追体験なので、本章では哲学者の言葉を多めに引用してあります。難しい言葉も多いので、飛ばして解説だけを読んでいただいても構いません。

われ思う、ゆえにわれあり

心（精神）と身体の対比は、西洋哲学において常に扱われてきたテーマです。古くは古代ギリシアのプラトンが「肉体は魂の牢獄である」と述べました。この問題を近代的に推し進め、現在まで続く心身二元論の代表と言われるのがデカルトです。

デカルトは一六三七年に著した『方法序説』において、有名な「われ思う、ゆえにわれあり」という言葉を残しました。自分自身の根本をどこにおくか。それを考える際にデカルトは「方法的懐疑」と呼ばれる手法をとりました。

ほんの少しでも疑いをかけうるものは全部、絶対的に誤りとして廃棄すべきであり、その後で、わたしの信念のなかにまったく疑いえない何かが残るかどうかを見きわめねばならない、と考えた。

（『方法序説』谷川多佳子訳、岩波文庫、45ページ）

こうして、自分が考えるということのすべてを疑ったうえで、何が残るのか。デカルトは次のように言います。

このようにすべてを偽と考えようとする間も、そう考えているこのわたしは必然的に何ものかでなければならない、と。そして「わたしは考える、ゆえにわたしは存在する」というこの真理は（中略）堅固で確実なのを認め、この真理を、求めていた哲学の第一原理として、ためらうことなく受け入れられる、と判断した。

（前掲書、46ページ）

自分が今考えていることや認識しているあらゆることを疑ってみる。けれども、疑った先にその「疑っている私」ということだけは最終的に残る。それをすべての出発点としました。だから、「われ思う、ゆえにわれあり」なのです。

このように、デカルトは「思考」を「身体」から分離して、考えることを人間の本質であるとしました。

デカルトによれば、身体は「延長」をもつものであり、その意味で「物」と同じです。延長とは、簡単にいえば空間における広がりのことですが、思考はその空間的な制約を受けない自由なものです。だから、人間にとって本質的なものは身体よりも思考ということになります。

人間は死んだ瞬間に精神の働きが止まります。すると、身体はそこにあるにもかかわらず、死んだその人は生きていたその人とはまったく違うものであり、もはや「その人」ではないと感じられます。もちろん、死体はかつて「その人であった」ものですが、記憶や思考は失われてしまっています。

このデカルトの考え方は、近代哲学の宣言となると同時に、近代科学を支えるものになりました。それは「神」というものを根拠にしなくても、世界や人間のことを説明できるようになったからです。

西洋中世はキリスト教が支配した時代でした。世界も人間も神様がつくりだしたものであり、まさに「神ましますゆえにわれあり」でした。中世キリスト教哲学の精緻な論理も、すべては神の存在証明につながるものだったのです。

デカルトのすごさは、その「神」がなくても、さまざまなことを論理的に説明できるようにしたことです。

デカルト自身はやはりキリスト教を信じていて、神の存在を否定しているわけではありませんが、結果的に神なしでもいられる「近代的自我」を準備することになりました。そのことによって、ヨーロッパの人たちは中世のキリスト教的人間観から自由になることができたのです。

デカルトによる考え方の技化

キリスト教的人間観からの脱却は、人間が神から解き放たれることを意味しましたが、一方で拠《よ》り所《どころ》を失ったことによる不安を抱えることにもつながりました。デカルトはそれを思考の力で突破しようとしました。

デカルトは、明晰《めいせき》な思考には四つのルールがあると言っています。この四段階にしたがって考えることで、対象を明晰に把握することができる。そして、それは「頭の良い人」だけができるものではなく、人間は等しく理性を持ち合わせているのだから、誰でも訓練すれば可能になると言うのです。

デカルトの思考における四つの規則とは次のようなものです。

第一は、わたしが明証的に真であると認めるのでなければ、どんなことも真として受け入れないことだった。言い換えれば、注意ぶかく速断と偏見を避けること（後略）。

第二は、わたしが検討する難問の一つ一つを、できるだけ多くの、しかも問題をよりよく解くために必要なだけの小部分に分割すること。

第三は、わたしの思考を順序にしたがって導くこと。そこでは、もっとも単純でもっとも認識しやすいものから始めて、少しずつ、階段を昇るようにして、もっとも複雑なものの認識にまで昇っていき、自然のままでは互いに前後の順序がつかないものの間にさえも順序を想定して進むこと。
そして最後は、すべての場合に、完全な枚挙と全体にわたる見直しをして、なにも見落とさなかったと確信すること。

（前掲書、28〜29ページ）

この四つの規則を守れば、誰でもちゃんとした思考ができる。いわば考え方の「技化」です。

デカルトはこの四つの規則を習慣として身につけ、理性を「少なくとも自分の力の及ぶかぎり最もよく用いているという確信を得た」と言います。そして、「この方法を実践することによって、自分の精神が対象をいっそう明瞭かつ判明に把握する習慣をだんだんつけてゆくのを感じた」そうです。

デカルトはこうした思考法を単に「学問」として考えていたというよりは、より実践的なものとして捉えていました。人間理性を最大限に発揮し、「いったん決めたら断行する」ことで「良心をかき乱す後悔と不安のすべてから解放された」と言っています。

デカルト自身も内にこもって勉強するタイプではなかったようで、若い頃には「世の中という大きな書物を読む」ために旅に出たり、軍隊へ入ったりしています。そういう実践と経験の中で自分の学問を打ち立てました。

だから、非常に論理的な考え方でありながら、冷たい論理ではなく、自分が生きていくうえで本当に確かなものは何かという、生きるための学問になっているのです。

理性の働きによって、デカルトは「運命よりむしろ自分に打ち克つように、世界の秩序よりも自分の欲望を変えるように、つねに努めることだった」（前掲書37〜38ページ）というように、人生を考えるようになっていきます。

つまり、自分を律する根拠を確立し、非常に独立した精神の持ち主でいられるようになったと言えます。これは、私たちが青年期に悩む自我の確立にとっても役立つ教えとなるのではないでしょうか。

自分の中に「近代的自我」を確立する

しかも、それはデカルトが優秀だからできるのではなく、誰もが訓練すれば可能なことです。デカルトは『方法序説』の冒頭で次のように書いています。

良識はこの世でもっとも公平に分け与えられているものである。（中略）正しく判断し、真と偽を区別する能力、これこそ、ほんらい良識とか理性と呼ばれているものだが、そういう能力がすべての人に生まれつき平等に具《そな》わっている。

わたしたちの意見が分かれるのは、ある人が他人よりも理性があるということによるのではなく、ただ、わたしたちが思考を異なる道筋で導き、同一のことを考察してはいないことから生じるのである。というのも、良い精神を持っているだけでは十分でなく、大切なのはそれを良く用いることだからだ。

（前掲書、8ページ）

すなわち、良識（ボン・サンス）の用い方を身につけさえすれば、誰でも同じようにちゃんと思考することができるはずだ、ということです。こうした考え方は、現代に生きる私たちを勇気づけてくれます。

私たちの悩みの多くは、デカルト的な良識を働かせることができていないことから起きていると考えてみると、さまざまなことがすっきりします。

たとえば、多かれ少なかれ誰もが人間関係の問題を抱えていますが、他人と意見が合わないと思っていたものを、デカルトの四規則にしたがって考え直してみます。

すると、「合わない」と感じられたことのうちに、実は同じ考え方をしているものがあるかもしれませんし、単に前提が違うだけだったかもしれません。それを知れば、相手との妥協点や交渉の余地が見つかることもあるでしょう。

あるいは、「みんなが私を嫌っている」と思った時にも、待てよ、「みんな」って誰のことだ？　と考え直してみる。たしかにAさんは私に対してよい印象を持ってはいないかもしれないけれど、Bさんは単に空気を読んでいるだけで、特に私について何も言ってはいない……と整理すると、心が楽になる糸口が見つかりやすくなります。

デカルトは冷たい論理の人と思われがちですが、この論理は生き方の哲学として読み取ることもできます。デカルトは自分ができることとできないことを見極めることが重要だとして、次のように述べています。


一般に、完全にわれわれの力の範囲内にあるものはわれわれの思想しかないと信じるように自分を習慣づけることだった。したがって、われわれの外にあるものについては、最善を尽くしたのち、成功しないものはすべて、われわれにとっては絶対的に不可能ということになる。

（前掲書、38ページ）

要は、世の中を完全に自分の思い通りにすることなんて無理なのだから、自分自身に打ち克つことで満足しなければならないと言うのです。ただし、そのためには最善をつくさねばならないと。その最善をつくすための手段が論理なのです。

これは、ニューヨーク・ヤンキースの四番も務めた松井秀喜さんが著書『不動心』（新潮新書）で書いていることとも重なります。松井さんはバッティングにおいて、コントロールできることとできないことを切り分け、コントロールできることだけに集中すると言います。相手投手が投げる球は、自分のコントロールできることではないのだから、それを考える必要はないということです。

ですから、「近代的自我」をまず確立することは、人生にとって必要なことだと思います。私自身、身体論を研究する前は、むしろ近代的自我の信奉者でした。

高校時代にデカルト的な「われ思う、ゆえにわれあり」を実感する瞬間があり、自分の中に「近代」がやってきたと感じました。

それは生物の進化において、個体発生が系統発生を繰り返す（たとえば人は受精卵から胎児になる間に人類の進化の歴史をたどるとする説がある）と言われるようなもので、自分の中に「近代」が訪れないことには、私は近代的知性を持っているとは言えないし、それを乗り越えることもできないと思ったのです。

学校教育においては、この「デカルト的能力」を身につけることが必須です。数学において定理をもとに一歩一歩積み重ねて証明をしていくように、論理の階段を踏み外さないようになることが教育を受けたということです。

ちなみに、デカルトは哲学者であると同時に数学者でもありました。ｘ軸ｙ軸の座標軸や数式の表記法（$ax^2+bx+c=0$など）には、デカルトが貢献しています。デカルトのおかげで、各国の数学が共通理解のもとで発展するようになり、論理が通じるようになったのです。

しかし、近年の教育を見ていると、必ずしもそのデカルト的能力の獲得が成功しているとは言えません。

数学者で、人工知能（ＡＩ）が東大受験をするというプロジェクトの研究者でもあった新井紀子さんは、リーディングスキルテストの結果から、教科書レベルの文章を読めていない子どもたちが増えていると警鐘を鳴らしています。文章の論理を理解するのではなく、キーワードを拾い読みして何となく文意を把握しているだけの人が多いそうです。

インターネットにおけるフェイクニュースや差別的な書き込み、政治家や官僚の誠実さに欠ける言動などを見ていると、現代日本において論理の力が弱まっていることを感じます。それを防ぐためにも、デカルト的思考法は今一度見直されるべきでしょう。

西洋哲学における身体の見直し

こうしてデカルトは論理的な思考の礎《いしずえ》をつくり、近代科学の発展に多大なる貢献をしました。心は心であり、物は物である。両者を明確に区別することで、西洋は多方面に学問を発展させることができたのであり、その恩恵は計り知れません。

一方で、私たちは精神の世界だけで生きているわけではありません。近代的自我を確立したことで「考える」ということだけが肥大化していくと、いわゆる「頭でっかち」の状態になってしまったのです。

それが第1章でも述べた私の受験期です。簡単に言えば、身体を動かすことがなくなるとエネルギー過多になって、生活のリズムがくるってきたのです。世界を哲学的に理解しようとして論理の世界で考え続けると、次第に実世界のことがどうでもよくなってきます。

ドストエフスキーの小説『罪と罰』で、主人公のラスコーリニコフが下宿の娘に何しているのと問われて「考えごとだ」と答える場面がありますが、まさにそんな感じです。にもかかわらず、自分の鼻の頭が視界に一度入ると気になってしまうように、他人にとってはどうでもよい些事《さじ》にいつまでもこだわるようになってしまい、自分の考えで身動きがとれなくなってしまうのです。

そこで再び身体のほうに目を向けてみようと思いました。当時、哲学の世界でも身体論が注目を浴びていました。その代表的な論者が、フランスの哲学者モーリス・メルロ＝ポンティでした。

そもそも、西洋哲学において身体はないがしろにされてきました。西洋哲学の祖であるソクラテスは、たとえ死刑になろうとも「魂を最善にするように配慮するより前に、それより激しく肉体や金銭に配慮することがないようにと説得する」（『ソクラテスの弁明』納富信留訳、光文社古典新訳文庫）ことをやめないと述べました。

ソクラテスの弟子のプラトンも魂は不死であり、肉体としてこの世に生きている自分がなくなることは、むしろ身体から魂が解放されることだと述べています。身体は「魂の牢獄」(『パイドン』)なのです。

さらに、キリスト教がそれに追い打ちをかけました。信仰において究極的には死後の世界が重要であり、現世は死後の救済への準備でしかないのだから、食欲や性欲などの身体的な欲求は極端に抑制されることになります。禁欲とは、身体を精神のコントロール下に置くことに他なりません。

そして、この「精神>身体」の考え方を科学へと接続したのがデカルトであり、それによって身体はいよいよ立つ瀬がなくなったのです。

ただ、ソクラテスの時代には一方で肉体を賛美するような側面もありました。古代ギリシアの彫刻をみればわかるように、均整の取れた肉体が理想とされていました。

また、ソクラテス自身も頑健で一日じゅう外を歩きながら哲学をしていましたし、プラトンの『饗宴』に描かれているようにお酒を飲み、皆で語り合うのが彼らの哲学のスタイルでした。これは家に閉じ籠もって思索するといったイメージとは異なるものです。

ニーチェが宣言した肉体の復権

近代の西洋哲学において、明確に身体を見直したのがニーチェです。ニーチェは肉体の復権を宣言しました。

ニーチェは「神は死んだ」という言葉で有名なように、キリスト教と教会が支配する西洋社会を批判しました。中世以来の西洋では、神の世界がすべてであり、人間の生きる地上は天国に行くまでの仮の住まいのような扱いでしたが、ニーチェはそれに異を唱えたのです。

そんな考え方はキリスト教の策略である。そもそも「原罪」などと、人間性をそこまで低く見積もる必要があるのか？　もっと人間自身を肯定するべきではないのか。ニーチェは著書『ツァラトゥストラはこう言った』でこう書いています。

> 人間は存在してこのかた、人間はよろこぶことがあまりにも少なかった。わが兄弟たちよ、原罪というものがあれば、これのみがわたしたちの原罪なのだ！
>
> （『ツァラトゥストラはこう言った（上）』、氷上英廣訳、岩波文庫、147ページ）

そして、肉体こそが大きな理性であると主張するのです。

健康な身体、完全な、しっかりした身体は、もっと誠実に、もっと純粋に語る。それは大地の意義について語るのだ。

あなたが「精神」と呼んでいるあなたの小さな理性も、あなたの身体の道具なのだ。

あなたの最善の知恵のなかよりも、あなたの身体のなかに、より多くの理性があるのだ。

（同50～52ページ）

実は、ドイツの文豪ゲーテもこれと同じようなことを言っています。若き作家であったエッカーマンが老ゲーテと話した内容を書き記した『ゲーテとの対話』に、次のように話す場面があります。

私は健全なものを古典的、病的なものをロマンティックと呼びたい。そうするとホメロスもニーベルンゲンもクラシックということになる。何故なら二つとも健康で力強いからだ。古代のものがクラシックであるのはそれが古いからではなく力強く、新鮮で、明るく、健康だからだよ。

（エッカーマン『ゲーテとの対話』一八二九年四月二日木曜日）

日本でも一時期、文学者は自らの身体を痛めつけるような生活を送り、不健康な精神でないといけない、といった風潮がありました。しかし、最近の作家を見ていると、健康的な生活を送りながら質の高い作品を書いている人のほうが多いように思います。

特に、村上春樹さんは、自身もマラソンランナーであり、小説家という仕事は「不健康」であるからこそ、健康が大切であることを力説しています。

真に不健康なものを扱うためには、人はできるだけ健康でなくてはならない。それが僕のテーゼである。つまり不健全な魂もまた、健全な肉体を必要としているわけだ。逆説的に聞こえるかもしれない。しかしそれは、職業的小説家になってからこのかた、僕が身をもってひしひしと感じ続けてきたことだ。

（『走ることについて語るときに僕の語ること』文藝春秋、１３５ページ）

芸術家は身体の声を聴く

ゲーテの言うように、古代ギリシアでは、おおらかでダイナミックなものが賛美されました。彫刻などを見ても、肉体が躍動しているのが感じられます。

基本的に芸術の世界では、身体に対する意識は高いのではないでしょうか。人物を描いたり、彫ったりするということは必然的に肉体を表現することですし、作り手の画家自身の身体性が作品に反映されるからです。

ゴッホのうねるような絵から生命エネルギーが感じられるのは、ゴッホの身体性と無縁ではありませんし、ルノワールの絵画から感じられる快楽は、ルノワール自身の身体の快楽とつながっています。ピカソの作品から感じられるダイナミックさはピカソの身体性のなせる業《わざ》です。身体というインターフェースを通して世界と自分を表現できるのが、一流の芸術家ではないでしょうか。

ニーチェによれば、肉体こそが本来の自分であり、創造的なエネルギーの源です。キリスト教はそれを抑え込んできた。なぜなら、肉体を持った人間が創造的であることに気づいてしまうと、神をたたえるキリスト教にとっては都合が悪いからです。

つまり、西洋はキリスト教と近代合理主義において、二重に身体性を抑圧してきたと言うことができます。

幸福な来世や天上の世界を設定することで今生《こんじょう》や地上世界を耐え忍ぶというのは、宗教によく見られる考え方です。仏教でも、最終的には生老病死の人生から脱することが目的とされています。

もちろん、それを信じることによってつらい浮世を何とかやりすごすことができるという効能は無視できないものです。これだけ科学万能の世の中になっても、宗教には一定の役割があります。

一方、マルクスが「宗教は民衆のアヘンである」と言ったように、宗教的価値観は一種の幻想でもあります。天国や地獄の存在は証明できる性質のものではありません。救いをもたらす一方で、この地上で現実に生きている私たちの楽しみや欲望まで否定するものになっては本末転倒だとも言えます。

もちろん宗教を信じるかどうかは個人の自由ですが、ある種の新興宗教や疑似宗教もまた同じように現世を否定することで信者を集めています。現世の否定、身体の否定に陥らないためにも、ニーチェの指摘は有効だと考えられます。

そのために必要なのが「身体の声」を聴くことです。

ツァラトゥストラもまた身体の声を最大限に聴くことのできる人でした。ツァラトゥストラは「踊りを一度も踊らなかった日を、われわれは空《むな》しかった日と考えよう！　また哄笑を伴わなかった真理を、われわれはすべてにせものと呼ぶことにしよう！」（『ツァラトゥストラはこう言った（下）』、１１９ページ）と言います。上機嫌にかろやかに一瞬を味わい尽くすことこそが真理である、ということだと思います。

「身体の声」というのは比喩的表現ですが、声そのものも考えてみると面白いものです。声は単に音声として耳に聞こえてくるだけでなく、そこから何か精神的なものを感じ取ることもできます。

歌手でもただ音程を外さない上手さだけでは、人を感動させることはできません。やはり声そのものの魅力が大切です。電話口でも、顔を見たこともない人の性格が何となく声から想像できたりします。

人生における大きな選択も、ただ頭で考えるだけではなく身体の声に耳を澄ましてみるとよいのではないでしょうか。

ゴーギャンはパリで株式仲買人として働くなどしながら趣味で絵を描いていましたが、ある時から画業に専念するようになります。当然、生活は苦しくなるのですが、訪れたタヒチでゴーギャンは重要な何かを見つけたのでしょう、彼の代表作と呼べるものの多くはタヒチ以降のものです。おそらくタヒチにおける人々の姿や自然が、ゴーギャンの身体性にフィットしたのだと思います。

ゴーギャンがタヒチをモチーフにすべきかどうかということを、いくら頭で考えてみても答えはでないでしょう。結局、そこに行ってみて、自分の身体に聴いてみるしかありません。私たち自身も、仕事をどうするか、結婚をどうするか、頭だけで考えていても答えが出ない時は、自分の身体に聴いてみるべきだとニーチェなら言うのではないでしょうか。

人はこの世界をどのように認識しているのか

メルロ＝ポンティは、現象学を土台として自らの身体論を推し進めていきました。だから私たちは、まず現象学について理解する必要があります。現象学は、ドイツの哲学者フッサールが提唱したものです。

現象学とは、フッサールの言葉で言えば「事象そのものへ」ということになります。これだけでは何のことかわからないでしょうから、少し遡って説明しましょう。

古代ギリシアのプラトン以来、人間が世界をどのように認識するかということが、哲学では問題にされてきました。

プラトンは著作『国家』の中で、国家における正義とは何かを考察しています。正義が実現されるためには、哲学が必要であり、哲学とは「善のイデア」を認識することだと考えます。

イデアとは、永遠の真理である普遍的な世界のことです。

たとえば、私たちは「完全なる三角形」を見たことがなくても、三角形がどのようなものかを知っています。「リンゴ」という概念で把握しているものの形はさまざまですが、それらがすべてリンゴであると分かります。すなわち、「リンゴのイデア」があるということです。

しかし、プラトンによれば善のイデアそのものを人間が認識することはできず、その

「影」を知覚することしかできません。

この目に見えない「イデア」を説明するためにプラトンが用いたのが「洞窟の比喩」と呼ばれるたとえ話です。

このたとえ話では、人間は洞窟の中で、奥の方を向いて縛られている「囚人」のようなものだとして説明がなされます。洞窟の入り口には火が焚かれており、いろいろなものが火の前を通るとその影が洞窟の壁に映ります。とらわれている人間が見ることができるのはこの壁に映った影だけで、本体を見ることはできません。

「こうして、このような囚人たちは」とぼくは言った、「あらゆる面において、ただもっぱらさまざまの器物の影だけを、真実のものと認めることになるだろう」

（『国家（下）』藤沢令夫訳、岩波文庫、96ページ）

このようにして、プラトンによって、世界は私たちの日常における現実世界とイデアの世界とに分けられました。以後、西洋哲学はこれを引きずっていくことになるのですが、そうした考え方をより明確に定義したのがカントでした。

カントは著書『純粋理性批判』（一七八一年第一版刊行）において、人間が物を認識するメカニズムを考察しました。

普通に考えれば、この世界が存在していて、そこに人間がいるのですから、世界という対象が先にあって、人間がそれを認識しているとされます。対象を「自然」と考えるとわかりやすいと思いますが、人間が認識しようがしまいが、もっと言えば、人間が存在しようがしまいが、自然はそこにあるのだから、自然のほうが認識に優先するということです。

しかし、カントは逆であると考えました。

経験とは知性を必要とする一つの認識方法であって、わたしは対象が与えられる前から、わたしのうちにアプリオリな知性の規則が存在すると想定しなければならない。この知性の規則はアプリオリな概念として表現されるのであり、経験のすべての対象は、これらのアプリオリな概念に必然的にしたがい、これと一致せざるをえない。

（『純粋理性批判1』中山元訳、光文社古典新訳文庫、159ページ）

「アプリオリ」というのは、「経験から独立して」「経験に先立って」という意味です。すなわちカントは、私たち人間にはあらかじめ認識に必要な概念が備わっており、認識が対象に従うのではなく、対象が認識にしたがって規定されなければならないとしたのです。

そして、カントは「物自体」という言葉を使って次のように言います。

> 対象そのものはわたしたちにはまったく知られていないものであり、わたしたちが外的な対象と呼んでいるものは、人間の感性が思い描いた心象にすぎないものであり、この感性の形式が空間なのである。人間の感性が思い描く像に真の意味で対応するのは物自体であるが、これは空間という形式によってはまったく認識されず、認識されえないものである。物自体は経験においてはまったく問われないのである。
>
> （前掲書、92～93ページ）

つまり、この世界や物それ自体が存在する世界はどこかにあるのだが、人間にそれを認識する能力はない。そして、人間は自分に具わった認識の形式（ルール）＝たとえば空間など、が描く像を知るだけなのです。

それに対しフッサールは、物が客観的に実在するかどうかは問わないという立場に立ちます。カント的な「物自体の世界」など本当にあるかどうか分からない。そうした先入見にとらわれず、意識に直接現れた「直観」を分析して記述すべきだと言うのです。

たとえば、目の前にコップがあるとして、それが客観的に実在するかどうかは断言できないが、自分が受け取っているそのコップの色や質感などは記述することができます。この作業をフッサールは「現象学的還元」と呼びます。

ところで、多少余談ですが、この先入見を取り払う（先入見をカッコに入れる）という考え方は日常生活にも応用可能です。先入見を偏見と言い換えてみれば、私たちは多くのことを偏見という思い込みのレンズを通して見ています。

日本人は／外人は、男は／女は、東京の人は／大阪の人は……。そういった思い込みが差別などにつながり、その中で苦しんだ人たちはたくさんいましたし、今でもいるでしょう。しかし、虚心坦懐にそれぞれの人の行動を眺めてみれば、実は明確な差だと思っていたものが単なる思い込みでしかなかったということがあります。

昨今、性的マイノリティの人たちの権利ということが言われますが、それも思い込みを外すということが一つの解決の糸口となります。そうした権利が認められるためには、マイノリティの人たちがどのように感じるかということが取り上げられ、多くの人が知ることが必要です。これは先入見を外しての現象の記述とも捉えることができるのではないでしょうか。

私にとってのリンゴと他人にとってのリンゴは違う?

さて、このような現象学的還元を経た直観によって捉えられたものは、ある意味ではそれぞれが見ている主観でしかありません。

フッサールによれば、客観的な実在はあるかないか分からないのだから考えないでおこうということなのですが、では、この世界は人それぞれの主観があるだけなのかと言えば、それもおかしい感じがします。

なぜなら、実感として、そこにリンゴがあれば他の人から見てもリンゴがある状態でなければ、他人とコミュニケーションをとることなど不可能です。AさんがBさんに「そこのリンゴを取って」と頼んでも、Bさんに見えているリンゴはAさんが見ているリンゴとは違う、あるいはそもそもBさんにリンゴは見えていない、ということになると、リアリティとズレすぎています。

そこでフッサールが主張したのが「間主観性(共同主観性)」というものでした。これはそれぞれの人の主観の中から共通のものを取り出してきて、それについては一応、客観の代理として使えると考えるものです。

先の例で言えば、私から見てテーブルの上にリンゴがあるし、Aさんから見ても、Bさんから見てもそのように見える。ならば、とりあえず「テーブルの上にリンゴがある」はこの世界における共通理解であるとしよう、ということです。

人それぞれの主観の網の目の中で、世界というものが現れていると理解するのです。

しかし、客観的な実在などなく人それぞれの主観に還元するのが現象学であったのに、急に共通だというのも無理があるように思われます。そこでその共通の根拠としてフッサールが提出するのが、「他者」という概念です。すなわち自分ではない他者がいると認識することは、単なる物を認識するのとは異なると言うのです。

簡単に言えば、他者とは私と似た存在であるから、その他者の世界と私の世界は重なりうるということです。実は、そこでフッサールが拠り所とするものが「身体」なのです。

他人の主観は目に見えませんから、私の主観と他の人の主観が似通っているのかどうか、私には判断のしようがありません。けれども、身体は目に見えます。

人間であれば基本的に同じ身体構造をしているから、その身体でもって世界に関わっている他人の主観も、私の主観と同じようなものを持っているのではないかと類推することができます。

それをフッサールは「感情移入」と呼んでいるのですが、それによって「主観と主観の間」、すなわち「間《かん》主観性」が成り立つことになります。

世界を見ることは哲学であり、芸術である

このフッサールの間主観性という考え方を引き継いで、より身体に着目して推し進めたのがメルロ＝ポンティであり、その考え方は「間《かん》身体性」という言葉で表されます。

メルロ＝ポンティの代表的な著作に『知覚の現象学』があります。この序文から彼が現象学をどのようなものだと考えているかがよく分かる記述を引用しましょう。


現象学はバルザックの作品、プルーストの作品、ヴァレリーの作品、あるいはセザンヌの作品とおなじように、不断の辛苦である――おなじ種類の注意と驚異とをもって、おなじような意識の厳密さをもって、世界や歴史の意味をその生れ出づる状態において

捉えようとするおなじ意志によって。こうした関係のもとで、現象学は現代思想の努力と合流するのである。

（『知覚の現象学1』竹内芳郎・小木貞孝訳、みすず書房、25ページ）

つまり、現象学的な態度とは、常に注意力をもって世界や歴史の生まれる姿を、驚きをもって一瞬一瞬捉えようと努力しつづけることです。その努力を途中でやめてしまって、大体こんなものだろうと決めつけてしまうのは非現象学的な態度だということになります。

セザンヌの例が挙げられていますが、これは画家が世界を見る態度を想像してみると分かりやすいでしょう。一流の画家は、それぞれモチーフと呼ばれるものを持っていることが多いです。

たとえば、セザンヌはリンゴやサン・ヴィクトワール山を繰り返し描きましたが、それはなぜかと言えば、リンゴであっても山であっても見るたびに異なる相貌を見せるからで、セザンヌはそれを常に新鮮な感覚で捉えてキャンバスに描いていました。

私たちがよくやるように、リンゴなら赤く丸い果物、山なら緑と茶色の風景、というように「思い込んで」いたら、そうした絵を描くことはできません。そのようにして描かれた絵はリンゴや山の「記号」でしかないからです。

モネに至っては、自宅に睡蓮の庭をつくって、毎日のように描き続けましたが、彼にとっては一日として同じ睡蓮はなかったのでしょう。

この現象学的な態度は、何も視覚に限ったことではありません。フランスの詩人ランボーの『地獄の季節』の中に収められた有名な詩句に、次のようなものがあります。

また見つかった、／――何が、――永遠が、／海と溶け合う太陽が。

（小林秀雄訳、岩波文庫、39ページ）

太陽は毎日海の向こうに沈みますが、それを永遠だと表現するのは現象学的です。あるいは松尾芭蕉の「古池や蛙《かわず》飛び込む水の音」という句も同様です。蛙が水に飛び込むことは珍しくもありませんが、水音の背後にある美しい静寂の一瞬にはっと気づいて、その世界を表現したのは芭蕉だけであり、それはとても現象学的ではないでしょうか。

メルロ＝ポンティが「真の哲学とは、世界を見ることを学び直すこと」（『知覚の現象学1』、24ページ）だと言うように、こうした芸術家たちはある意味で哲学者でもあります。

身体と世界の出会い方

メルロ＝ポンティは、フッサールの言う「間主観性（相互主観性）」を次のように捉え直します。

現象学的世界とは、何か純粋存在といったようなものではなくて、私の諸経験の交叉点で、また私の経験と他者の経験との交叉点で、それらの諸経験のからみ合いによってあらわれてくる意味なのである。したがって、それは主観性ならびに相互主観性ときり離すことのできないものであって、この主観性と相互主観性とは、私の過去の経験を私の現在の経験のなかで捉え直し、また他者の経験を私の経験のなかで捉え直すことによって、その統一をつくるものである。

（前掲書、23ページ）

こうした私の経験と他者の経験との交差の網の目の中で、相互主観性と呼ぶべきものが生まれるということで、そのためには身体が不可欠であるというのがメルロ＝ポンティの考え方でした。

なぜなら、私たちは人間の手を持っているからこそ道具や世界は今のように感じられるのであって、もし人間の手がイルカのひれのようなものだったら世界の感じ方はまったく違うものになっただろうからです（ちなみに、ある論文で、イルカの脳は人間よりも大きいのになぜ人間ほど知能が発達していないのかという疑問について、イルカには手がないからだとしたものがありました）。

今見えているこの世界は、人間の眼の構造によってそう見られているのであって、もし昆虫のように複眼だったらまったく異なるものになるはずです。そのことは、前述したユクスキュルが「環世界」という概念で指摘したことでもありました。

そこまで大きな、生物学的な差でなくともよいでしょう。たとえば子どもの頃よく遊んだ公園に、大人になってから久しぶりに行ってみると、こんなに狭かったのかと感じられることがないでしょうか。ブランコや滑り台などの遊具も小さく感じられます。

自分の身長が伸びているから当たり前のことですが、それは同じ自分にとっての「世界」が子どもの時と大人になってからで異なるということです。世界の物理的な大きさは変わっていないが、それを捉える自分の身体の大きさが「世界」のあり方に影響を与える。何なら、少し底の厚い靴を履いてみるだけでも、世の中の見え方は大きく変わるはずです。

だからこそ、身体から離れた「客観的世界そのもの」を前提とすることにどれだけの意味があるのか。私たちの身体がこの世界をどのように知覚しているのか、それをまず記述しないといけないのではないか。

このように、身体と世界のインターフェース、すなわち出会い方に注目したのがメルロ＝ポンティでした。

この視点は、私たちが生活をしていくうえで、多様な生き方を認めていくためにも有効です。バリアフリーということが言われますが、その実現のためには身体障碍者の方の主観性に寄り添うことが大切ではないでしょうか。その手段の一つが車いすや目が見えない状態を体験してみることです。これは高齢者の介護でも、性の多様性でも同じです。

もっと簡単に、自分の気分や健康状態によっても世界は変わってくるものです。嫌なことがあった時は、晴れ渡る青い空であってもどこか陰鬱に感じられたりします。それを逆手にとって、身体を基盤とした世界との出会いを記述することを覚えると、それが面白くなってきます。

季節が変われば身体が感じる空気の温度が変わり、木々の紅葉や落葉など風景も変わります。同じ場所なのに、そこから受け取る印象はまるで違うものになります。季節感という言葉はそれを端的に表しています。

そして、変わるのは外の世界だけでなく、自分の身体も季節によって変化します。春には春の身体が、冬には冬の身体感覚があるように思えないでしょうか。

そうした身体の変化とそれにともなう世界に生きている実感を抜きにして哲学をするというのはどうなのか。それでは身体を蔑《ないがし》ろにしすぎではないのか、というのがメルロ＝ポンティを通して私が感じたことでした。

「習慣」を哲学的に考察すると

身体の変化といえば、メルロ＝ポンティは『知覚の現象学』において「習慣」という概念について説明を加えています。習慣とは、ある行動を後天的に身につけることですが、メルロ＝ポンティは「習慣の獲得とは身体図式の組み替えであり更新である」（前掲書、２３９ページ）と言います。

ここで例に挙げられているのが、女性の羽根つき帽子や自動車の運転、視覚障碍者の持つ杖です。どれも本来は身体とは別の道具であったものですが、身につけたり、使って慣れることによって、いわば自分の身体の一部のように感じられることが、ここで言う「習慣の獲得」です。

羽根つき帽子やバックパック（リュック）などは、慣れないと他人とぶつかってしまうことがあります。自分の身体からはみ出した部分を感覚としてつかめていないからです。逆に、車の運転が上手い人は、運転席から見えないバンパーの位置などを直感的に把握して、自分の身体のように操ることができています。

視覚障碍者の方は白杖を使って周囲に何があるかを察知します。その杖が習慣化された際には、杖は道具ではなく身体の一部として機能しています。

> 帽子や自動車の大きさ、杖の長さになれることとは、それらのもののなかに身を据えつけること、あるいは逆に言って、それらのものを自分の身体の嵩《かさ》ばりに与《あずか》らせることである。習慣とは、あたらしい道具を自分に附加することによってわれわれの世界内存在を膨張させること、ないしは実存の在り方を変えることの能力の表現である。
>
> （前掲書、241ページ）

もう一つ、メルロ＝ポンティはタイプライターのブラインドタッチを例に挙げていますが、これはパソコンのキーボードで考えると、多くの人にとって分かりやすいかもしれません。
ブラインドタッチを身につけるとは、「Aのキーはここにあって、Bのキーはここにある」というようにキーの配置を覚える（＝認識する）こととは根本的に異なるものです。また、「Aという文字が目に入ったら、Aを押すべき指を動かす」という条件反射を身につけるということとも違うのに多くの人は勘違いしていると、メルロ＝ポンティは言います。

人は、あたかも紙上の文字の知覚がやがてその文字の表象を目覚めさせ、その表象がこんどはキーボード上の文字に到達するのに必要な運動の表象を目覚めさせるかのように、問題を立てる。

（前掲書、241〜242ページ）

日本語で「指が覚える」と言いますが、まさに身体が動作として記憶しているのであって、これをメルロ＝ポンティは「昵懇知《じっこんち》」という言葉で表現しています。

私たちが自分の手で膝《ひざ》をさわろうとするとき、わざわざ膝の位置を確かめることはしませんし、手を動かす軌道を確認することもありません。つまり習慣とは、精神における認識でも単なる身体的な反射でもなく、「身体が了解すること」であり、ここでいう「了解」とは「意図と遂行とのあいだの合致を感得すること」だと、メルロ＝ポンティは主張します。

先のタイピストの例に続いて、メルロ＝ポンティはオルガン奏者の例を挙げます。奏者がオルガンの前に座り演奏しようとする状況を「楽器の方位や大きさを自分の身体に合体させ、あたかも家のなかに収まるように楽器のなかに収まる」と表現しています。ここで指摘されるのは、奏でられる音楽とオルガン、そして奏者の関係です。

> 楽譜面で指示されているような楽曲の音楽的本質と、実際にオルガンのまわりで鳴りわたる音楽とのあいだには、きわめて直接的な関係が確立されていて、その結果、オルガン奏者の身体と楽器とは、もはやこの関係のあいだの通過点でしかなくなっている。
>
> （前掲書、244ページ）

演奏者は楽譜を見て、その音符が示す鍵盤を指で押します。しかし、それらの動きはすべて奏でられる音楽のためであって、「身体とはあきらかに一つの表出空間」なのです。メルロ＝ポンティは続けます。

しかしながら、われわれの身体は、単に他の一切の表出空間とならぶ一表出空間にとどまるものではない。（中略）身体はむしろ他の一切の表出空間の根源であり、表出の運動そのものであり、それによってはじめて意味が一つの場所をあたえられて外部に投射され、意味がわれわれの手もとに、われわれの眼下に物として存在しはじめるようになるのである。

（前掲書、245ページ）

物事の意味というものを考えた時に、それはどこから生まれるのでしょうか？　ある物体が一〇〇グラムとか二〇〇グラムとかいう数値それ自体に意味があるのではなく、私たちにとってはそれが重いかどうかという身体がかかわる実感として初めて意味を持つのではないでしょうか。

すなわち「身体とは、世界をもつためのわれわれの一般的な手段である」のです。ギターを弾ける人にとっては、ギターが単なる物ではなく音楽という表出空間となり、演奏する身体を通してそこに意味が生まれ出ます。

眼鏡を初めてかけるとフレームやレンズの縁《ふち》が気になるものですが、それはすぐに習慣化されて身体の一部のようになります。自宅の居心地が良いのは、部屋のすみずみまで習慣化されているからでしょう。どんなに良いホテルの部屋に滞在しても、自宅の居心地とは違うものです。

身体が一つの新しい意味づけによって滲透《しんとう》されたとき、身体が一つの新しい意味の核を同化したとき、身体が了解した、習慣が獲得された、と言われるのである。

（前掲書、２４６ページ）

つまり、人間が後天的に獲得する能力である習慣とは、心だけで成り立つものではなく、身体を前提として世界に身を置くことによって獲得できるものであるということをメルロ＝ポンティは主張したのです。これは言われてみれば当たり前で、いかに哲学の世界が身体を軽視してきたのかということを物語っているように思います。

見ることは触れることと同じ

メルロ＝ポンティは『見えるものと見えないもの』という著書において、もう一つ面白い指摘をしています。手が物に触れる際には、手は触覚の主体となっています。哲学的な言葉で言えば主観と同一視できます。

しかし、たとえば物に触れようとしている左手を、自分の右手で触ってみたらどうでしょうか？

メルロ＝ポンティはそれに対して次のように述べます。

「触れる主体」が触れられるものの地位に移り、物の間に降りてくることになり、その結果、触覚は世界のただなかで、いわば物のなかで起こるようになるのである。

（『見えるものと見えないもの』滝浦静雄・木田元訳、みすず書房、186ページ）

つまり、触れている主体であるはずの左手も、右手に触れられれば「物」であることが分かるというのです。両手を握り合わせた時に右手が左手を触っているのか、左手が右手を触っているのか。右手が触っていると考えると、左手は物として捉えられているわけで、逆もしかりです。

そして、メルロ＝ポンティは「見えるものはすべて触れられるものの中から切り取られる」と考えます。「同じ身体が物を見、物に触れている以上、見えると触れうるとは、同じ世界のことがらなのである」として、それを端的に「視覚が眼差しによる触診である」と表現しています。触覚と視覚とは同質のものなのです。

さらに、この私の視覚が成立するのは、私が「見る者」であると同時に「見える物」であるからだと言います。

> 見る者が見える物を所有しうるのは、見えるものに所有され、それに拠って存在しているからであり、見る者が原理上、眼差しと物との分節化の命ずるがままに、見えるものの一つになり、不思議な逆転によって、見えるものの一つである自分がそれらを見うるからにほかならない（後略）。
>
> （前掲書、187ページ）

仮に自分が透明人間だとしても、この世界を見ることは可能だと思うかもしれませんが、メルロ＝ポンティによればそうではありません。他人から見られることがないということは、自分が身体という物質として世界に関わることができないのだから、普通の人間と同じように世界を見ることもできないのです。

こうした見る・見られる、触れる・触れられるの関係を成り立たせるものを、メルロ＝ポンティは「肉（シェール）」と呼びます。私と世界の関わりは、能動的なだけでも受動的なだけでもなく、能動性と受動性が一体化しているところに生まれるということです。

見る者と物との間の肉の厚みが、物にとってはその可視性を、そして見る者にとってはその身体性を構成しているということである。その厚みは、見る者と物との間の邪魔物ではなく、それらの交流の手段なのだ。

（前掲書、187ページ）

要するに、身体が物に触れられるのは、身体自体も物としての性質を持っているからであるということです。そして、そのことによって私たちは世界を見て認識することができるのです。

メルロ＝ポンティのいう「肉（シェール）」とは、単に「お腹についたお肉」といった意味合いではなく、触れたり触れられたりするエレメントとしての物質感のことだと思います。一流の画家が絵の中で表現しているのも、こうした世界の物質感ではないでしょうか。ゴッホの絵に物質感が感じられるのは、何も絵具の盛り上がりだけではありません。ルノワールの描く少女の肌の柔らかさもまた、物質的な表現です。

そして、そのような絵を描けるということは、画家たちはまさに「目で触れている」ように世界を見ることができているということです。

身体が物に触れ、それを見るとすれば、それはひとえに、身体が物の仲間であり、それ自身見えるものでありかつ触れられうるものであるために、おのれの存在を物の存在に参加するための手段として使うということ、二つの存在のそれぞれは他にとって祖型なのだし、そして世界が普遍的肉であるが故にこそ身体が物の秩序にも属する、ということがあるからにほかならない。

（前掲書、191ページ）

近代以降、視線だけで世界を把握しがちですが、それをつきつめると、映像だけの体験とリアルの体験の区別がなくなってしまいます。近年のVR（拡張現実）技術の発達は、実際にそうした世界をもたらしそうにも思えます。

しかし、それも私たちは身体的感覚があるからこそ、映像から仮想現実を組み立てることができるのではないでしょうか。

『機動戦士ガンダム』の生みの親、富野由悠季《とみのよしゆき》さんは、私の『身体感覚を取り戻す』という本に共感してくださり、対談をさせて頂きました。その際、若いアニメーターは身体感覚を抜きにして描くからリアリティがない、アニメを見てアニメを描くのではダメだという趣旨のことを述べておられました。

ねばねばした液体を見ると感じるなんとなく嫌な感じや、ムカデを見るとぞわっとする感じなどは、かつて経験した身体感覚がなければ視覚だけでそのような感覚を再生することはないでしょう。

メルロ＝ポンティから学んだ「スタイル」

私がメルロ＝ポンティから学んだことの中で、教育学者としての実践に最も役立っているのが「スタイル」という概念です。これは『世界の散文』という本で書かれているのですが、一言で説明すれば「世界の変換作用」ということです。

先ほども例に出したゴッホであれば、どんな風景を描いてもゴッホが描いたと分かる何かがあると感じられます。それは構図のとり方であったり、絵具の使い方であったりするわけですが、それらの総合がここで言う「スタイル（一貫した変形作用）」というものです。

サザンオールスターズの桑田佳祐さんは、あの独特の声と節回しがあるので自身の曲ではなくカバー曲を歌っても桑田さんの持ち歌のように聞こえてしまいます。これが桑田佳祐のスタイルです。

私は、どんな分野であってもこうしたスタイルを持っているのが一流の人であるための大きな要素だと思っています。逆にどれだけ技術があっても、スタイルを持てないままに終わる人もたくさんいます。

スタイルは個人だけが持つものではありません。元をただせばカレーはインドの料理ですし、ラーメンは中国、パスタはイタリアの料理ですが、今、日本で食べられるそれらの料理は「和風化」されたものです。これを成し遂げるのが「日本」というスタイルです。一貫して変形してしまうのが、スタイルということです。

こうしたメルロ＝ポンティのスタイル論から学んで、私は身体とスタイルを通して教育や世界を見てみようという提案をしてみました。それらは「スタイル間《かん》コミュニケーション論」という論文や『生き方のスタイルを磨く』（NHKブックス）という本に結実しました。

そもそも教育における「学び」とは、他者との「あいだ」に新しい意味が生まれるということです。それはすなわち、自分の「世界」と他者の「世界」とが出会い、相互の「ずれ」の間でコミュニケーションが起こるということで、それを私は「スタイル間コミュニケーション」と名付けました。

さて、このスタイルの違いが何から生まれるかというと、それが習慣の集積なのではないかと考えています。

たとえば結婚などで如実に表れるのが、夫婦の間の生活スタイルの違いです。それぞれの家庭での日々の生活は、その家の習慣に彩《いろど》られています。それを毎日積み重ねることでスタイルの違いとなっていくのです。

「人生のスタイル」を見つけよう

ここで、スタイルが異なるから意思疎通がうまくいかないのはしかたないと言いたいのではありません。むしろ、そのスタイルの違いを意識することで、異なるスタイルとスタイルの間でのコミュニケーションを楽しもう、あるいは自らのスタイルを変革していくことである種の「自分らしさ」を見つけてもらおう、という試みです。

音楽で考えてもらうと分かりやすいかもしれません。クラシックの名曲をジャズ風にアレンジすることで新たな魅力が発見されるといったことはよくあることです。

あるいは、スポーツを観戦しているとスタイルが強く感じられます。大学ラグビーであれば、明治は「前へ」のスローガン通りですし、早稲田は大きく展開するプレースタイルです。ワールドカップのサッカーも、スペインのパス回しやブラジルの個人技など国ごとの特徴がはっきりと出ます。

このように個人だけでなく家庭や学校、会社などでもスタイルというものがありますから、このスタイルの違いを認識したうえで、その違いを楽しめるとよいのではないかというのが私の考えです。

近年、銀行や製造業などで大企業同士の合併がありますが、企業文化もスタイルです。その後の状況を見ると、合併が上手くいっている企業とそうでない企業との差は、異なるスタイルを互いに取り入れることができているか否かによるところが大きいのではないかと思います。

また、一流の人のスタイルを真似てみるというのも人生を豊かにする一つの方法です。俳句などはそれをしやすい分野です。五七五という文字数や季語などフォーマットがある程度決まっているので、技を身につけやすいからです。

一方で、私が本書で繰り返し述べているのは、現代日本人にとって、「日本」というスタイルが継承されていない不幸です。単なる懐古主義としてではなく、腰肚文化に代表される武士の身体性を取り入れることで、生き方のスタイルを広げることができるのではないでしょうか。

国民性という言葉で表されるように、どの国の人も自国が歴史的に積み重ねてきた文化を必然的に継承するものです。日本においては、その一部が敗戦によって失われてしまったわけで、それをもう一度見直してみたいと思うのです。

技術の進歩によって映像によるVRの環境が現実のものになろうとしていますが、そうしたＶＲの世界での出来事を体験と呼べるかどうかは未知数です。

その一方でユーチューブなどでは「やってみた」と題して自分で演奏したり体験したりした動画をアップロードしている人がたくさんいます。若い世代では「TikTok（ティックトック）」というアプリで、ダンスや当て振りをする短い動画をネットに上げるのが流行っています。

このように、ネット社会の中で身体性が復権され、みんなが表現者になるような兆《きざ》しも見られます。

メルロ＝ポンティは「習慣」や「スタイル」という概念を駆使して身体性の哲学を考えました。私は、このメルロ＝ポンティの哲学を活かして「人生のスタイル」という考え方をしています。身体の習慣の集積としてのスタイルを豊かにすることは、この世界の豊かさを見つけることにつながるのです。

「場の空気」とは「身体の状態感」のこと

身体というテーマについてメルロ＝ポンティを引き継いで研究を進めたのがドイツの哲学

者ヘルマン・シュミッツで、『哲学体系』と題された長大な作品を遺しました。彼の哲学のキーワードが「身体の状態感」というものです。シュミッツは、人と人とのコミュニケーションにおいては知覚できること以上に、身体が大きな影響を与えていると考えました。

或《あ》る人が或る空間に登場したり、そこにいる場合などは、その場の雰囲気は凍りついたり暖かくなったり、だらけたものになったり心のこもったものになったりする。これらのことが起こるのは、その当の人の眼差し・声・振舞いがそうさせるのだが、しかしむしろそこに居合わせた他の人々が自己の身体においてはじめてそう感じ取ると言ってよい。このように、そこに居合わせた他の人々はその場の雰囲気の感知を通じて相手について何ごとかを知ることができるようになる。それが可能なのは、その当の人と自分たちが一体化し、それによって形成される、身体的対話構造を内蔵する全体のおかげなのである。

(『身体と感情の現象学』小川侃訳、産業図書、66〜67ページ)

ある人が来たとたんにその場の雰囲気ががらりと変わるということは、みなさん経験したことがあると思います。怖い先生が教室に入ってくれば生徒たちはピリッとしますし、サッカーなどのスポーツでもリーダーシップのあるキャプテンが入るだけで、チームのプレーがそれまでと違って締まりのあるものになったりします。

ここでシュミッツが言おうとしているのは、生徒たちは「先生は怖い」と知っているから教室の空気が引き締まるのではなくて、緊張した空気感を生徒たちが身体を通して感じるからこそ、先生が怖いということを知ることができる、ということです。

要は、コミュニケーションの大半は身体を通して行われるのであって、シュミッツはこれを「身体の状態感」という言葉で表しました。

雰囲気や場の空気という言葉だと、どこか空間的なもので具体性に乏しいですが、身体の状態感というと、それは明確に私の身体の一部の変化です。実は、身体の状態感と雰囲気は密接に関係していて分けることは難しい。だからこそ、人と人との関係や社会を考える時に、身体抜きには考えられないということです。

このように身体を通したコミュニケーションを考えるということが、広く人間を捉えるうえで重要ではないかと思います。

たとえば、テニスのトップ選手であるロジャー・フェデラーの試合を見るたびに、こんなにも身体が的確に動く、その美しさに感動します。ただし、それはフェデラーひとりで成り立つものではありません。

決まりきった動きならば、練習すればある程度できるようになるでしょうが、相手の打つボールに合わせて、それ以外のタイミングではありえないという的確なショットを返す動きを瞬間的にとることができる。そのすごさは、相手とのやりとりの中で生まれます。これは非常にクリエイティブなものであり、芸術的とも言えるものです。

こうした身体の芸術は他人のものを見ていても気持ちのよいものですが、自らができればより大きな喜びをもたらします。もちろん、一般人である私たちは一流のスポーツ選手のような動きは望むべくもありませんが、一方で誰でも感じられるのが他人と協力して生み出される一体感です。

スポーツの例で続ければ、サッカーのチームでパス回しが上手くいった時にはひとりのプレーでは得られない気持ちよさが感じられます。実際、サッカーやラグビーの試合を観ていると、チームがまるで一つの生き物のようになって、二つの生き物が絡み合うような印象を受けることがあります。

あるいは、合唱やダンス、お祭りなどでも同様です。合唱が上手くいく時は、各人がそれぞれのパートを歌っていながら全体が調和しています。おみこしを担《かつ》いで練り歩く時も、無意識のうちに周りと一体になっているという喜びが感じられることがあります。

こうした集団的な喜びは、いわゆる「ハレ」の日の喜びと言えるもので、日常の中に上手く取り込むことで、生活を豊かなものにしてくれます。

言うまでもなく、こうした集団的な昂揚感は非常に強いものですから、悪用されることもあることは歴史を見れば明らかです。お祭りなどで度を越して騒いでしまう人たちがよくいますが、あれも集団的な忘我の悪い例です。私たちはそれを上手にコントロールする必要があります。

この集団的な喜びは、身体の共振によって個を超える感覚が生まれることによるものです。自分という枠組みに限定されないので気楽になれますし、ある種、自分が大きくなったような気がします。おみこしを担いでいる時に「自分が、自分が」と主張する人はいません。担いでいる人たち全体が一つの身体となっています。

こうした脱自的な喜びはエクスタシーにもつながるもので、自分を抜け出す感覚から生まれてくるものです。この感覚は一人では生まれにくく、他者とのコミュニケーションの中でこそ生まれるものです。性的交渉などもその一つでしょう。

そのためには「息が合う」ということが必要になってきます。つなひきで強いのは、必ずしも個人の力の和が大きいほうではありません。息を合わせてタイミングよく引く力を結集でき、かつ相手の力の入る・抜けるタイミングを見極めたほうが勝つ確率が高まります。

このように自分が感じていた喜びや快感を肯定し、跡づけてくれるような哲学に出会いたい、というのが大学に入った頃の私の希望でした。それが私にとって「リアル」なものだったのです。では、それを叶えてくれるのは何か？　という時に出会ったのが身体を基盤とした哲学だったわけです。

「気分」は自分の中だけでなく、世界から生まれてくる

日本でも、私の勤める明治大学におられた市川浩先生が『〈身〉の構造』などで独自の身体論を展開されていました。身体によって世界に関わると同時に自分も世界から働きかけられる有様を、市川先生は「身分け」や「身知り」という言葉で捉えました。

〈身分け〉は、身によって世界が分節化されると同時に、世界によって身自身が分節化されるという両義的・共起的な事態を意味します。

（『〈身〉の構造』青土社、11ページ）

この〈身分け〉による認識を、身のさまざまのレヴェルにおいて〝身をもって知る〟という意味で〈身知り〉という言葉であらわしたいと思います。

（同13ページ）

私たちは、見る・聞く・匂う・触れるといった能力を通して世界を把握、すなわち市川先生の言う「分節化」をしており、翻《ひるがえ》って私たち自身がそれによって分節化されるのです。簡単に言えば、石を見て硬いと感じるのは、私たちがそれを割ることもかじることもできないからで、高さ低さの感覚も自分の身体感覚が基準となっています。

身体には、（中略）世界を変えることによって世界とのかかわりを立てる仕方と、自己自身を変化させることによって世界とのかかわりを調整する仕方がある。（中略）そのような自己とかかわりつつ世界とかかわる身のあり方の基礎に身体感覚がある。（中略）身体感覚はほとんど意識されませんが、意識される心理的レヴェルでは〝気分〟がこれに近いものです。だから気分は、単に自分の感覚ということはできません。なかば世界の、世界から生起する感覚です。

（前掲書、14ページ）

ですから、私たちの身体のあり方というのは一つに固定されたものではなく、さまざまな関係の中で多様な状態をもちながら、なおかつ「この私」という統一された状態にあります。そこで私に現れる感覚は、単に私だけのものではなく、世界から受けて生まれたものであると言うのです。

この「気分」と似たような意味で使われる言葉に「雰囲気」があります。雰囲気のほうがより空間的な感じがしますが、これについてロシアの精神医学者であるミンコフスキーは「雰囲気は私の身体のありとあらゆる毛穴を通って私の内部に勝手に浸透してくる」（『精神のコスモロジーへ』中村雄二郎・松本小四郎訳、人文書院、127ページ）と述べています。

では、その雰囲気とはどこから生まれるのかというと、それは「人格」からです。ミンコフスキーはこの「人格」を単にその人の身振りや言葉、行動といったものだけでなく、もっと不明確で捉えどころのないもの——たとえば匂いのような——として捉えます。

生きた人格とは、すべて自分自身から放射し、雰囲気のなかに拡がりつつその雰囲気に自己を結びつける微細な雲のようなものに囲まれているといえるだろう。

（前掲書、128ページ）

これは、私たちの実感に非常に近いものではないでしょうか。シュミッツが「身体の状態感」という言葉で表したものと同じですが、企業のトップや大物スターがいる場は、その人によって作り出された雰囲気が感じられます。逆に言えば、場の雰囲気をどうするかを考えようとする際に、身体に着目する必要があるということなのです。

学校と監獄の共通点とは

さて、西洋哲学のほうに話を戻しますと、西洋近代の哲学は理性に重きを置くあまり身体を蔑ろにしてきましたが、その身体の価値を見直そうという動きがニーチェやメルロ＝ポンティの哲学に見られるということを述べてきました。

西洋思想の世界ではさらに、ポストモダンや構造主義などと呼ばれる、近代を批判的に捉える思想的動きが現れました。

そうした思想家の中でも、フーコーやレヴィ＝ストロースといった人たちの思想は、身体論として読むことも可能です。

ミシェル・フーコーは『監獄の誕生』（一九七五年）で、イギリスの哲学者ベンサムの考案した「パノプティコン」と呼ばれる監視システムについて考察しています。

パノプティコンとは、監獄において囚人が一人ひとり入った部屋を円形に配置し、その中央に監視するための塔を建てるというものです。その特徴は、塔の上から監視する看守からは一望の下に囚人を見ることができるけれども、囚人の側からは看守も他の囚人も見ることができないというところにあります。

すると何が起こるでしょうか。囚人は「いつでも見られている」と思い込むことで、やがて本当に看守がいるかどうかは関係がなくなってしまう。すなわち、監視の視線が「内面化」され「自発的な服従」が促されるというのが、フーコーが分析したことでした。

フーコーの言葉を引用しましょう。

これは重要な装置だ、なぜならそれは権力を自動的なものにし、権力を没個人化するからである。

（『監獄の誕生』田村俶訳、新潮社、２０４ページ）

可視性の領域を押しつけられ、その事態を承知する者（つまり被拘留者）は、みずから権力による強制に責任をもち、自発的にその強制を自分自身へ働かせる。

（同２０４〜２０５ページ）

フーコーは、こうした身体を通して権力が人々を支配しているという構造を暴《あば》き出していきます。そのメカニズムとして挙げているのが、学校や工場、軍隊などにおける「規律・訓練」です。

身体の運用への綿密な取締りを可能にし、体力の恒常的な束縛をゆるぎないものとし、体力に従順＝効用の関係を強制するこうした方法こそが、《規律・訓練《ディシプリーヌ》discipline》と名づけうるものである。（中略）こうして規律・訓練《ディシプリーヌ》は、服従させられ訓練される身体を、《従順な》身体を造り出す。

（前掲書、143ページ）

もちろん、身体に対する強制は古い時代からありました。奴隷制などはその最たるものですが、それとの大きな違いは、近代の規律・訓練においては、支配される側が半ば自発的にそこに組み込まれ、支配されていることに気づいていないということです。

そして、こうした身体に働きかけることで人間を管理・支配する技術は十七、十八世紀になって一般的になったとフーコーは見ています。そしてそれは、近代的なヒューマニズムの広まりと同時代だと言うのです。

たしかに、学校や工場、軍隊といったものは、すべて近代になって非常にシステマティックに整えられるようになりました。それらの組織においては、ある目的（勉強ができるようになる、より多くの製品をつくる、戦争に勝つ……）のために集められた人間が、その組織独自の規則にしたがって動くということが当たり前にされていることは、容易に想像がつきます。

たとえば、学校における試験の持つ意味をフーコーは次のように述べています。

> 試験は、権力の行使にあたって可視性という経済策を転倒する。伝統的には権力とは、見られるもの、自分を見せるもの、自分を誇示するもの（…）である。（中略）ところが規律・訓練的な権力のほうは、自分を不可視にすることで、自らを行使するのであって、しかも反対に、自分が服従させる当の相手の者には、可視性の義務の原則を強制する。規律・訓練では、見られるべきものは、こうした当の相手のほうである。（中略）規律・訓練における個人を服従強制の状態に保つのは、実は、たえず見られているという事態、つねに見られる可能性があるという事態である。
>
> （前掲書、190ページ）

少し難しいですが、要は近代の学校において、教師が権力者として生徒を支配しているのではないということです。先生が生徒に勉強することを強制する、という構図は分かりやすいものです。しかし、そこに試験というシステムが入ってくると事態は複雑になります。

テストでいい点を取るために頑張って勉強をする、というのは生徒の自発性だと受け取られがちですが、フーコーによればそうではありません。

試験の点数という自らの評価が明るみに出されることによって、生徒は知らず識らず勉強することを強制されている。つまり、学校や教師という権力が目に見えないものとなって、生徒に「自発的な服従」を促していると考えるのです。

これは、日本人にむしろよく当てはまるかもしれません。学校の規則や会社の風習に染まりきってしまう人は多いように思えます。もちろん近代化の求める生産性を高めるというプラスの面はあるにせよ、行き過ぎればマイナス面が大きいというのがフーコーの指摘でした。

学校も服従と訓練の場であるから、そこから脱して本当の自発性を取り戻すべしということは、後にイヴァン・イリイチが『脱学校の社会』で主張し、そして尾崎豊が「卒業」で歌ったことにもつながります。

権力者は身体を通して支配する

昔は強大な王がいて人民を支配するという分かりやすい権力の構図がありました。近代民主主義の下で表向きは人民主権となった国が増えましたが、権力者はいかにもの強制力ではなく、規則などのミクロなものを利用して別の形で支配を進めるのです。

その際に行われるのは、ばらばらな人間たちの手段を規律・訓練によってある目的や方向性に合致するように仕向けていくことです。重要なのは「秩序づけられた多様性」だとフーコーは言うのです。

規律・訓練の主要な操作の第一は、したがって、雑然とした、無益な、もしくは危険な多数の人間を、秩序づけられた多様性へ変える《生ける絵図《タブロー》》を構成することである。

多種多様なものを組織化して、それを端から端までたどり統御するための或《あ》る道具の入手が重要であり、しかもその多様なものに《秩序》を課すことが重要なのである。

（前掲書、153ページ）

軍隊であれば、兵隊一人ひとりの戦闘能力や得意分野をあらかじめ測定し、実績に応じて階層づけしたうえで各部隊に配置する。人間の能力を今の言葉で言えば「見える化」して分類・配置することが「知＝権力」となって作用するというのが、フーコーの見立てでした。

その際に権力は、身体の習慣を通して人を支配します。たとえば「上手な字を書く」という目的があった時に、それは「上体を直立させ、左手にすこし向けて力を抜かねばならず……」などといった、より効率的な身体の使い方として教え込まれるのです。これをフーコーは「身体と身振りの相関化」と表現しています。

これらフーコーが指摘したことは、昨今の日本を考えるうえでも重要です。政治の世界では「忖度《そんたく》」というようなことが言われていますが、必ずしも明示されない政治家の意向を官僚が忖度して遂行しているのだとしたら、まぎれもなくフーコーの言う「監視の内面化」ではないでしょうか。

ブラック企業や過労の問題も同様です。細かな規則によって「自発的服従」を進める組織があります。上司が帰るまでは帰れない、営業成績が貼り出されるなどといったことや、もっと巧妙な会社による社員の支配は今も残っているように思えます。

あるいは、現代であれば「情報」というのも、まさに見えない権力となっているかもしれません。

グーグルやフェイスブックといった巨大ＩＴ企業は、誰が何を検索したといったことをはじめとした個人情報を握っています。こうした企業に人々を支配しようという意図があるか否かにかかわらず、新種の巨大な権力となりつつあることは間違いありません。

フーコーは、自分はニーチェ主義者であると言っています。ニーチェはキリスト教的精神による人々に対する支配を批判しました。フーコーは、そうした支配はキリスト教だけでなく、近代においてはさまざまな側面にわたっているとし、身体の自由をそこから取り戻すことを主張したと読むことができます。

フーコーは同性愛者でもありましたから、その差別的な視線への反抗もあったろうと思います。その点も現代のマイノリティに関わる動きにつながってきます。

合理的思考だけでない理性を見出したレヴィ＝ストロース

一方、人類学者のクロード・レヴィ＝ストロースは、アマゾンの部族の中に入り込み、その生活を分析することで、西洋近代的な考え方とは異なる「野生の思考」が存在することを主張しました。

たとえば、著書『悲しき熱帯』（一九五五年）には、あるアマゾンの部族は人が亡くなると何か月も狩りに出かけてしまうという話が出てきます。なぜかというと、人の命が失われたのだから自然のほうからその分の負債を返してもらうという、ある種の貸し借りのような考え方をするからです。

近代的な考え方ではなかなか理解しにくいですが、彼らには彼らの論理(ロジック)があるのだから、それを一概に未開で遅れているとか非合理的だというふうに捉えるのは違うのではないかというのが、レヴィ＝ストロースの主張です。これがフランスを中心とした現代思想における構造主義という考え方につながっていきます。

また、『野生の思考』(一九六二年)では「ブリコラージュ」という考え方を提唱しました。ブリコラージュというのは、フランス語で日曜大工・素人しごとをする、間に合わせで繕《つくろ》う、といった意味の言葉です。「器用仕事」とも訳されます。ありあわせの材料を使って、本来とは別の目的を達成するということが未開の部族でも見られるが、それは実は人間にとって本源的な思考なのだというのが、このブリコラージュです。

神話的思考の本性は、雑多な要素からなり、かつたくさんあるとはいってもやはり限度のある材料を使わなければならない。(中略)したがって神話的思考とは、いわば一種の知的な器用仕事《ブリコラージュ》である。

（『野生の思考』大橋保夫訳、みすず書房、22ページ）

このように、レヴィ＝ストロースは西洋近代の合理的思考のみが理性であるという考え方を批判しました。たとえば、神話のような一見すると非合理的な話の中にもそうしたある種の知恵が含まれていると捉え、自然と人間理性ははっきりと分断されるのではなく、もっと根源的な思考があると見るのです。

ニーチェが肉体とは大きな理性であり、精神はその一部に過ぎないと言ったように、近代西洋が生み出した合理的思考はあくまで人間におけるひとつの在り方に過ぎず、別の可能性もあるということです。

レヴィ＝ストロースはそれをアマゾンの未開部族に見出しましたが、それはすなわち古代の人間においても見られたということであり、時代が進むことを単純に進歩と捉える見方への批判でもあります。

消費よりも浪費が経済の本質である

こうした視点は、先に述べたジョルジュ・バタイユの「蕩尽《とうじん》」という概念にもつながります。蕩尽とは、生産性のない浪費ということです。

近代資本主義は、生産された富を蓄積し再生産へと回すことによって全体の生産量を常に増やしていくという方法で発展し、さまざまな技術革新をもたらして人々の生活を豊かにすると考えられてきました。

しかし、バタイユは生産よりも消費に着目します。近代の合理的な思考では、消費が軽視されていると批判しています。

> 合理的な思考では、人間の活動を生産と財の保存に還元する傾向がある。こうした思考においては、人間の生の目的は、増大すること、すなわち富を増大させ、保存することにあると考えてしまうのだ。そして消費は、エンジンでガソリンが燃焼されるのと同じことだと考える。消費とは、生産に必要な要素にすぎないとみなすのである。
>
> （『呪われた部分　有用性の限界』中山元訳、ちくま学芸文庫、83ページ）

バタイユは、そうした近代資本主義の下では、人間は「隷属的で機械的な動物」になってしまうとして、「『有用な行動』なるものが、それだけでは無価値なものであることを示す」と言います。

こうして「有用性」のもとで忘れられてしまった「浪費」の価値を今一度取り戻そうとするのです。

> わたしたちは、自分たちが生み出している余剰なエネルギーを、断固として浪費する必要があるのだが、そのことをもはや、だれも理解できなくなっているのだ。
>
> （前掲書、138ページ）

そこでバタイユが参照するのが、近代的な「生産性」とは異なる、南米アステカ族の人々の浪費と贈与の風習でした。

アステカ族では、毎年二万人もの人を生贄《いけにえ》として神にささげていたと言われています。なかでも復活祭の頃は、若く、美しい若者を生贄にする風習がありました。生贄になるのは戦争での俘虜《ふりょ》なのですが、この生贄に選ばれると、まるで王侯のように豪勢な暮らしをさせ、きれいな女性も与えられたそうです。

こうしたアステカ族の風習に見られる過剰なエネルギーの浪費と贈与こそ、バタイユは人間の経済の本質だと捉え、より「普遍」的な経済学を構想しました。

こうして、西洋思想においては、近代の理性偏重から身体の見直し、さらには西洋的な思考を相対化するポストモダンや脱構築と呼ばれる考え方へとつながっていきます。

ポストモダンの思考は何でも相対化しすぎだという批判もありますが、いずれにせよ近代合理性という一側面だけでは人間を捉えきれないことに着目し、さまざまな視点を提供してきたことは確かだと思います。

このように、西洋思想の発展を追いかけて自分のものとしていくと、身体を基盤にしたコミュニケーションが近代の行きづまりを乗り越える鍵になるのではないか。この世界に住み込む身体を基盤として、自らのスタイルを見つけることができるのではないか、と感じられてきます。それが、私が身体論を学ぶ大きな理由だったのです。

第3章

日本人は身体をどのように考えてきたか

武士の身体に学ぶ

第2章で見てきたように、身体こそが人間としてこの世に存在していることの基本にあるという考え方が、自分の求めている思想なのではないかという感覚は次第に強くなっていきました。

その時に、西洋哲学の理論だけではなく、日本人がどのように身体について考えてきたのかということに関心が向きました。

日本の思想は西洋哲学とは異なり、ある明確な流れを持っているわけではありません。そこで、過去の日本人がどのように身体と向き合い、日本的な身体文化を作り上げてきたのかということについて、自分の身体を通して学んでいこうと考えたのです。

西洋哲学は、心と身体を別のものとする心身二元論を克服しようとして身体論に行き着きました。

一方で、東洋の人々にとってはどちらかと言えば心身一如、すなわち心と身体を一つのものとして捉えるという考え方が当たり前でした。インドのヨガから始まって、中国の道教、日本においては禅をはじめ武道や芸道などを見ると分かるように、技術の熟達と精神の修養がセットとして捉えられてきました。

しかし、日本では戦後、GHQによる教育改革の影響もあり、伝統的な身体技法の引継ぎが途絶えてしまいました。

西洋哲学が近代の行きづまりの打開を身体論に求めたように、現代日本においてもまた失われた身体文化を取り戻したいと、私は考えました。その手法としては、西洋的な思想をただ学ぶよりも、身体技法を自ら実践することによって心身一如の在り方を得るのが王道ではないかと思ったのです。

日本的な身体文化の基盤の一つに武士道があります。武士は言うまでもなく戦う人ですから、相手に勝つために日々の鍛錬をする必要があります。面白いのは、その鍛錬は単に技術のみならず精神面にまで及び、やがて一つの「道」、すなわち西洋的に言えば思想や哲学に近いものが生まれることです。

武蔵が悟った「空」の境地

江戸時代初期に生きた宮本武蔵は、剣術を通して到達した悟りの境地を『五輪書』に著しました。武蔵が『五輪書』を書き始めたのは六二歳の時で、死ぬ直前まで二年の月日を掛けて書き上げました。

『五輪書』は「地」「水」「火」「風」「空」と名づけられた五巻からなっており、特に最後の「空之巻」に、その最高到達点が見られます。簡単に内容を見てみましょう。

皆さんは「空」というと、どのようなものを考えるでしょうか？　武蔵はまず、「空」というものについての一般的な誤解を指摘します。

空という心は、物毎《ものごと》のなき所、しれざる事を空と見たつる也《なり》。勿論《もちろん》空はなきなり。ある所をしる、是則《これすなわ》ち空也。世の中において、あしく見れば、物をわきまへざる所を空と見る所、実の空にはあらず。皆まよふ心なり。此兵法の道においても、武士として道をおこなふに、士の法をしらざる所、空にはあらずして、色々まよひありて、せんかたなき所を、空といふなれども、是《これ》実の空にはあらざる也。

空とは、その形を知ることができないものであり、もちろん何もないということでもある。何もないものをどうすれば知ることができるのかというと、ものがあるところを知ればいい。

世の人たちはものごとの道理を区別しないところを空だと言うが、それは本当の空ではない。それはすべて迷いの心である。

兵法の道も同じである。武士としての在り方を分かっていない人が、空になりきれないと迷って、なすべき方法がないということを「空」だと言っているけれど、それは本当の空ではない。

では、本当の「空」とは何でしょうか。武蔵は続けます。

武士は兵法の道を慥《たし》かに覚え、其《そ》の外《ほか》武芸を能《よ》くつとめ、武士のおこなふ道、少しもくらからず、心のまよふ所なく、朝々時々におこたらず、心意二つの心をみがき、観見二つの眼をとぎ、少しもくもりなく、まよひの雲の晴れたる所こそ、実の空としるべき也。

武士は、兵法の道を確実に会得して、そのほかにもいろいろな武芸を身につけ、武士の行う道についてすべてを心得ていて、心に迷いなく、常に怠ることなく「心」と「意」という二つのこころをみがき、「観」と「見」という二つの眼を研ぎ澄まし、少しの曇りもなく、迷いの雲が晴れ渡った状態こそが本当の空であるとするべきである。

このように武蔵は「空」とは何かということに対して、迷いの雲が晴れた状態であると言っています。日々の武士としての鍛錬を怠らず、「心」と「意」、「観」と「見」を磨くことで、曇りない状態に到達することができるのです。

ここで注目すべきなのは「観」と「見」の違いです。「見」がいわゆる細部を視覚的に見るという普通の意味であるのに対して、「観」とは「大きな目で見る」ということです。大局観という言葉に近いでしょうか。

武士が戦う際には、相手の一挙手一投足に集中しなければなりません。これが「見」です。しかし、相手の刀の動きばかりを見ていると見逃してしまうものがあります。そんな時、「観」の目で相手の動きを部分ではなく全体像として捉えよ、ということを武蔵は言っているのです。

この「空之巻」は非常に短い文章の中に武蔵の悟りの境地が凝縮されている、まさに哲学的な文章です。「空」というと、インドにおいて大乗仏教を確立した一人である龍樹《りゅうじゅ》（ナーガルジュナ）が『中論《ちゅうろん》』に著した空の理論が有名ですが、それにも匹敵するものです。

では、『五輪書』のこの箇所を読んだだけで、「空」とは何かが分かるかと言えば、それは難しいでしょう。武蔵の悟った境地はあくまで武術を通して会得できるものであり、単に知識として得られるものではないからです。

実際、『五輪書』の構成は、「空」に至るまでの「地」「水」「火」「風」の巻が分量的にはほとんどを占め、太刀をどのように扱うのか、戦いの際の構えはどうすべきかというような具体的なことが細かく記されています。

武蔵の思想は、思想のための思想ではなく、あくまでどうしたら戦いに勝てるようになるかを体得するためのものであり、実戦（実践）を通して得られるものなのです。

だからこそ、武蔵の言う空を知るためには実際に剣術を磨くしかないわけですが、現代においてそれを行うのはなかなか難しいでしょう。それでも、剣道などの武道やスポーツにおいて身体の動きを身につけることで、現代の私たちでもそこに近づくことができるのではないかと思います。

こうして武蔵の書いたものを見ていくと、戦いの中での身体の動きを細かに記述することによって身体そのものに気づくという、西洋哲学における現象学的な考察を突きつめている、と捉えることも可能でしょう。

もっとも、単に身体の動きを記述するだけでなく、それを自らの技として身につけるということ、つまり身体の上達を伴っている点こそが、東洋の身体哲学の良さではないかと思います。

たとえば、能は観客に対して見せるものでありながら、それを通じて役者の側の精神性が高まる側面があります。だからこそ、世阿弥《ぜあみ》が能楽についての秘伝を書いた『風姿花伝』が、能役者だけでなく広く思想の書として読まれるのでしょう。

世阿弥は『風姿花伝』で、若い時の魅力は「時分の花」にすぎず、四十五歳頃までに「失せざらん花こそ真の花」と書いています。そして、五十歳を超えて、父観阿弥《かんあみ》が体現したのは「老木の花」だとしています。

これ真に得たりし花なるがゆゑに、能は、枝葉もすくなく、老木になるまで、花は散らで残りしなり。これ、眼のあたり、老骨に残りし花の証拠なり
（『風姿花伝』講談社文庫、24ページ）

もちろん、あらゆる分野においてトップを突きつめることで、ある種の哲学性に到達するのは洋の東西を問いません。ただ、西洋のバレエやガーデニングと能や華道を比べてみた時に、東洋の場合は技法というよりもむしろ精神面における目標がより重要視されると言うことはできるのではないでしょうか。

ブッダも呼吸で悟りを開いた

東洋に通底する身体技法の一つが「呼吸」です。呼吸は、自律神経の働きによって特に意識をしなくてもできてしまいます。

逆に言えば、だからこそ無意識の身体の状態に大きく影響を受けるのが呼吸です。なので、呼吸を変えることで、逆に身体の状態を変えることができる。これが、東洋の身体技法の多くが一貫して目指してきたことでもあります。

最近は、女性を中心に健康のためのヨガが流行っています。ヨガというと、体の柔軟性が必要とされるポーズをするフィットネス的なものとイメージされがちですが、そもそもは古代インドに伝わる宗教的な精神修養の手段でした。

その目的は心身が統一された状態に至ることです。私は二十歳くらいでヨガを習いに行っていましたが、当時はまだこんなにメジャーではなく、瞑想法的な位置づけだったのを覚えています。

ヨガの技法として数々のポーズがありますが、その前提となるのがやはり呼吸法でした。ヨガの呼吸法は「完全呼吸法」といって、息を極限まで吐いて、お腹が背中に付くくらいまで完全に吐き切ります。息は吸うよりも先に吐くものなのです。この呼吸法を通して、身体を赤ちゃんのような自然の状態に戻すという指導を受けていました。

息を吐くときは、みずおちからへそにかけてだけでなく、下腹までもぺったりとへこませてすべての空気を吐き出していきます。肛門と臍下《せいか》丹田を結びつけるようにして、絞り出すように吐いていくイメージです。

息を吐いている間は、副交感神経が働くことでリラックスした感じになります。息を吐くという動作に集中すると同時に、リラックスしているという状態です。

これは具体的には、たとえば考えごとで思いつめている状態になっている時に効果があります。頭だけで考えているけれども、堂々巡りして実際の行動に移すことができない。そういう時に、この完全呼吸法を行います。

息を吐き切るためにお腹の筋肉を意識する、関節を柔らかくすることを意識する、指先の力を意識する、背骨を意識する、内臓を意識する……といったように、身体のあらゆる部分を意識するようになります。すると、意識の行き場所を常に見つけることができるようになり、抽象的な悩みに煩《わずら》わされることが少なくなるのです。

仏教の始祖であるブッダ（ゴータマ・シッダールタ）もまたヨガの呼吸法から学んだと、『釈尊の呼吸法』（春秋社）を書かれた村木弘昌先生はおっしゃっています。

悟りを開く前のブッダは、各地を旅しながらさまざまな苦行をしていました。しかし、そうした苦行によっては悟りを開くことはできませんでした。

ある時、疲れ果てたブッダにスジャータという女性が栄養のある乳がゆを持ってきてくれます。それを飲んで回復したブッダは菩提樹の下で静かに座って瞑想し、ついに悟ることができます。その際にブッダがしていたのが、「アナパーナサチ」と呼ばれる呼吸法でした。

こうしたブッダの呼吸法は「大安般守意経《だいあんぱんしゅいきょう》」というお経に書かれており、長く緩く吐いてから吸うという、まさにヨガの完全呼吸法と同じものです。

ブッダが悟りを開くにあたって、呼吸が関連しているのは偶然ではありません。呼吸とは単に体内に酸素を取り込む運動というだけでなく、身体性と精神性を結ぶ役割を果たすからです。それは「息づかい」とも呼ばれるもので、それが方法的に結晶化したのが呼吸法なのです。

ヨガの本質を集約した二つのポーズ

私の知り合いに柳田鶴声《かくせい》さんという内観療法を実践されている方がいます。内観（療）法とは、吉本伊信《いしん》さんという僧侶の方が始められた精神修養の方法が、心理療法として応用されたものです。

これは、外部からの刺激を一定時間遮断して（たとえば屏風《びょうぶ》の中に入るなど）、家族など身近な人からしてもらったこと・してあげたこと・迷惑をかけたことを、丁寧に思い返すというメソッドです。これによって本当の意味で自分を知ることができ、無理をしなくても他人への感謝の気持ちが湧き上がるなど、幸福に生きることのできる状態を手に入れられるとするものです。

この柳田さんの言葉で印象に残っているものがあります。柳田さんはヨガの経験があり、ヨガの本質は二つのポーズに集約されると言うのです。

一つは「死体のポーズ」というもので、これは大の字みたいに寝転がって文字通り完全に死んだつもりになるというものです。

普段、私たちは無意識のうちに生きよう生きようと思って生活を送っています。より幸せになるためにはどうすればよいか、人前でうまくやるにはどうすべきか、そういったことを考えるのが普通です。

「死体のポーズ」をすることで、そのような思いを捨て去るのです。一度死んでしまったと思うと、この体というものに対して無理をするということがなくなります。死んでいるのだから、人に会って緊張することも、考えごとで頭を悩ませることもありません。体が死ねば、頭が働くこともなくなります。いわば身体のスイッチを意識的に切ることで、リセットされた状態になるのです。

具体的にどうするかといえば、先ほどの完全呼吸法で息を吐き切った瞬間は、呼吸も止まりいわば仮死状態に近い状態を得られます。その静止した状態に集中してみるのです。すると不思議なもので、その一瞬の時間がとても長いものに感じられます。

この不思議な状態を何と呼ぶか分からなかったので、私は自分の造語で「出止《しゅっし》」の時間と呼んでいます。反対に、息が入ってきて止まった瞬間が「入止《にゅうし》」だとすると、「入止」においては息が満ちて「さあ、これから始まるぞ」という感覚があります。

こうして考えると、一回の呼吸が生死を繰り返す人生の追体験のようにも感じられてきます。人生において死を体験することはできませんが、「出止」を通しての時間を超越する体験によって、意識がリセットされ、身体が本来刻むべき正常なリズムを取り戻せるように思えます。

もう一つは、「三点倒立」と呼ばれるものです。普通の倒立は二本の腕で立ちますが、ヨガの三点倒立では、両手を頭の後ろで組んで、両肘《ひじ》と頭の三点で逆立ちをします。腕だけで倒立をするとすぐに疲れてしまいますが、この三点倒立は頭も使い、腕の筋肉をあまり使わないので長時間立っていることができます。

みなさんも逆立ちをしたことがあると思いますが、全身の血が頭のほうにサーッと落ちてくる(上ってくる?)ので、普段とは異なる感覚を覚えます。慣れないと頭に血が上って嫌な感じですが、慣れてくると次第にそれが心地よくなってきます。

長い時間倒立をしていると、普段とは違う意識の在り方が芽生《めば》えます。いつもは頭が一番上にあって指示を出していますが、倒立をすると一番下にあるので頭は何もできません。ましてや血が上って思考力は働きにくくなるので、身体の重みが直接感じられます。普段過ごしている人間の意識の在り方とは違う逆さ人間の意識になって、頭でっかちがとれるような気がしてきます。

また、二本の足で立っている時には無意識のうちの重心移動で姿勢が悪くても立っていられますが、倒立をしている時は中心をキープしていないとすぐに倒れてしまいます。そのことによって、普段よりも垂直の意識を感じやすくなります。

子どもの頃に傘の先端をてのひらに載せてバランスを取る遊びをしたことがあると思いますが、それがうまく行った時の何とも言えない垂直の感覚と似ています。大げさに言えば、地球の中心と天の間を結ぶ垂直の軸に、身体がすっと貫《つらぬ》かれているような感覚です。

自分の身体が天地の間にあると感じることで、自分の重さを自然に任せるような心地よい感覚を得られます。身体は本来自然の一部であったにもかかわらず、人間の意識がそのことに気づかないようにさせていた。三点倒立によってその障害を取り払うことができるのです。

もちろん、この二つのポーズがヨガの本質というのは柳田さんが言ったことで、人それぞれに基本となるポーズは異なっていてよいと思います。重要なのは、柳田さんは「死体のポーズ」と「三点倒立」を自分の技として持っているということです。

ヨガを始めると、どうしてもいろいろなポーズをやりたくなってしまい、いたずらに難易度を上げようとしてしまいがちですが、それは本質的ではありません。
本当に目指すべきなのは心身の統一であり、そのために自分にとって必要なポーズを一つ二つ、技としてしっかりと身につけるだけでよいのです。

道教における気の理論

道教というのは、中国の民間信仰に老荘思想などが混じって発展したものです。中国では毛沢東《もうたくとう》の文化大革命の時代に弾圧されてだいぶ廃《すた》れてしまいましたが、それでも今なお道教の風習が残っていると言われます。

道教においては、不老不死の仙人になることが究極の理想とされています。中国古典小説などにみられる、山奥で霞《かすみ》だけを食べて生きる老人というイメージです。

その仙人になるために必要なのが丹（仙丹）と呼ばれる薬です。丹を作る方法には二種類あって、一つはいわゆる仙薬を作る手法で、もう一つが体内の力を引き出して丹を作り出すというものです。

気功というものもその一つです。道教では「大周天」「小周天」と呼ばれる気功法があり、小周天というのは自分の中にある気を体中に巡らせていくというもので、大周天は天地の気を取り込むという技法だとされます。

大周天までいくとなかなか難しいですが、小周天ならば少しイメージができます。

たとえば、気功を習っていなくても「おでこに気をあつめてみてください」と言われてやってみれば、誰もがおでこに集中する何かを感じることができるのではないでしょうか。気が体全体に行き渡ることで、不老不死は叶わないとしてもアンチエイジングには効果がありそうです。

また、呼吸法では臍下丹田に力を込めるということが言われますが、この「丹田」とは丹薬がつくられる場所という意味です。道教では、上丹田、中丹田、下丹田の三つがあるとされ、それぞれ額、胸、臍《へそ》の下ですので、臍下丹田とはすなわち下丹田のことです。日本では丹田といえば、この臍下丹田のことを指します。

このように言われてみると、実際にこの三つの場所はエネルギーが溜まり発せられる場所であるような気がしてきます。

たとえば、恋愛でドキドキすると胸が熱くなります。これは現代の科学でいえば血流や心拍数の変化として説明できるかもしれませんが、そうした気の流れを身体感覚として感じることができます。

仏様の白毫《びゃくごう》は額の真ん中にありますし、同じ場所にヒンドゥー教徒の女性たちが赤い丸印をつけているのを見たことがあると思います。この額の真ん中はチャクラと呼ばれる気の源のようなものの一つとされています。

このように、アジアにおいては、身体の中の特定の場所に気が集中するポイントを見出す身体観を共有していると考えられます。この実感は、身体論を考えるうえで大きなアドバンテージとなるように思えます。

もちろん現実的には不老不死など不可能でしょう。ですが、西洋において錬金術の一部が近代の化学知識につながったように、不老不死を実現するために発達してきた修行法の中には、身体的に見て理にかなっているものもあるのです。

禅の効用は、フレッシュな身体を持つこと

禅はいま世界中で受け入れられていますが、元はと言えば修行して自ら解脱《げだつ》することが目指される原始仏教から分離して、自分だけでなく衆生《しゅじょう》を救うものとしての大乗仏教の一つ

として生まれたものです。それがインドから中国を通して日本に伝わり、今では禅と言えば日本的というイメージになるほど根付いています。

仏教のさまざまな流派の中における禅の特徴の一つは、悟りの状態を身体技法に落とし込んでいることだと思います。日本においても鎌倉仏教以前の南都六宗は、学僧たちが難しい教義を学ぶ側面が強く出ていました。

それに対し、禅宗の教義は「不立文字《ふりゅうもんじ》」とも言われるように、経典などのように知識として言葉にすることができない部分を重要視するものでした。

禅の修行というと、いわゆる坐禅が思い浮かびます。曹洞宗の開祖である道元が只管打坐《しかんたざ》、すなわち「ただ座れ」と言ったように、坐禅とは頭で何かを悟ろうとするのではなく、むしろ頭の働きを断ち切ることによって過去や未来から切断して今を生きるということを体得するところに主眼がありました。

心身医学者の池見酉次郎《ゆうじろう》先生は『セルフ・コントロールと禅』（ＮＨＫブックス）という本において、禅と医学を結びつけて論じました。たとえば、坐禅において普通の人は叩かれると最初のうちは驚きますが、次第に慣れてきます。そのうち、今叩かれそうと予測したり、逆にいつ叩かれてもいいように体をこわばらせたりします。

しかし、禅僧や禅に通じた人は何度叩かれてもはっと驚くことができる。禅というものは、何も感じず何にも動じずということではなく、いつまでもフレッシュで新鮮な体験ができるということであるというのです。

これはそれまでの禅のイメージを覆《くつがえ》すもので、読んだ当時とても感銘を受けたのを覚えています。

世の中のトラブルや不幸にとらわれない心を持つことが俗世的な意味での「悟り」だとすれば、何にも動じない「不動心」を持つことが禅の効用だと思いがちです。しかし、そうではなく逆にすべての物事を初体験のように感じられる「フレッシュな身体」を持つことこそが禅なのです。

毎朝通勤や通学で通る道では、微かな変化があっても見逃しがちです。しかし、毎日初めて通るかのような新鮮な目で見てみると印象が変わるかもしれません。

生まれて初めて海を見た人は感動するはずです。しかし、その感動を一〇〇回も一〇〇〇回も得ることは普通の人にはできません。そこで、禅的な心を持てば、日々新たに海の美しさを発見しなおすことができる。

コロンビアの作家ガルシア＝マルケスの小説『百年の孤独』には、初めて氷を見た父子の驚きが描かれています。「こいつは、世界最大のダイヤモンドだ」「煮えくり返ってるよ、これ！」「こいつは、近来にない大発明だ！」（鼓直訳、新潮社、30〜31ページ）

もう知っている、という態度を徹底的に捨て去ることで、この世界をまるで今生まれたばかりのように新鮮に、美しく感じることができれば素晴らしいことではないでしょうか。

実はそれができるのが、芸術家や詩人なのだと思います。画家はよくモチーフと呼ばれるものを繰り返し描きます。モネが睡蓮を、セザンヌがサン・ヴィクトワール山を何度となく描いたように。それは当たり前のように咲いている花にも、いつもそこにある山にも常に新しい何かを見出したからでしょう。

集中していながらリラックスしている状態

坐禅をする際には、叩かれないようにしようとか、明日の仕事はどうしようかなどと考えごとをしてはいけません。かといってぼーっとしているうちに眠ってしまってもだめで、やはり坐禅の最中は神経を研ぎ澄ましていなければなりません。いわば集中とリラックスが同時に成立している状態です。

車の運転でもずっと気を張っていたら疲れてしまいますが、ぼやっとしていたら飛び出しなどに対応できず事故を起こしてしまいます。運転のうまい人は一見リラックスしていながら、視界に入るものに注意を向けています。実際、視線の動きなどを機械で測ってみると、運転の下手な人ほど視線があちらこちらに頻繁に動いているそうです。

剣道でも「遠山の目付《めつけ》」ということが言われます。これは相手の剣先や足の動きなど部分を見るのではなく、顔を中心とした全体を見ることで、かえって相手の瞬時の動きに対応できるようになるという教えです。宮本武蔵が言うところの「観」の目です。

テニスの試合は長いものになると三、四時間かかることもあります。その間ずっと全力でやっていたらどれだけ体力があっても足りません。フェデラーなど一流の選手を見ていると必ずしも常に全力というわけではない。もちろん、それでも腕はすごい速さで振っているわけですけれど、顔は仏像のような静かな表情をしていて、ここぞという時に持てる力をいっぱいに発揮して相手を上回る術を知っているように思えます。

ヤンキースの田中将大《まさひろ》投手もここぞという時に「ギアを上げる」と解説などで言われますが、一段階力を入れる余力を残して、長いイニングを投げるのに備えています。

こうしてみると、車の運転であれ、スポーツであれ、一流の人は何らかの意味で「悟り」

に近い状態を身につけていると言えます。

昨今、スポーツの世界では「ゾーンに入る」ということが注目されています。ゾーンに入った時の選手は、ボールの動きがスローモーションのように見えたり、相手がこの後どのように動くか手に取るように分かったりすると言います。これは、究極的な集中状態において神経が研ぎ澄まされた感覚を覚えるもので、坐禅が目指すのもこの境地に近いと考えられます。

禅というと、この坐禅のイメージが強いわけですが、それとは別に立禅《りつぜん》や歩行禅というものもあります。

立禅とはその名の通り普通に立った姿勢で禅を行うことで、托鉢《たくはつ》の僧や気功における立ち姿は立禅の一種です。歩行禅も文字通り歩きながら瞑想するということで、これも禅だとは意識せずとも昔からやってきたことです。

私の知り合いの経営者の方にも、考えごとがあると一時間くらい公園を歩くようにしているという人がいます。といっても、経営的な課題を歩きながら考えるというのとは少し違うそうです。むしろ何も考えずにただ歩く。するとよいアイデアが浮かんでくるそうです。

おそらく、ただ歩くことによって日常的な思考を停止させて、体を中心とした禅の悟りに近い状態が得られる。そうしてリフレッシュすることで、日常に戻った時にこれまでとは違う自分として考えることができるのだと思います。

大峯《おおみね》千日回峰行と呼ばれる、往復四八キロにわたる厳しい山道を一〇〇〇日間歩き続ける（冬を除くので九年かかる）荒行を成し遂げて大阿闍梨《だいあじゃり》となった塩沼亮潤《りょうじゅん》さんも、この歩行禅の効果を提唱されています。

哲学者の西田幾多郎《きたろう》が思索をしながら歩いた道が、今は「哲学の道」として京都随一の観光スポットになっていますが、これも歩行禅に近いものだったのではないでしょうか。

最近では、歩くことがうつの治療にも効果があるという医師も増えていますから、現代においては歩行禅はもっと取り入れられるべきだと思います。

私は水泳というのも禅的な状態になりやすいと思って、「スイミング禅」を提唱していたことがあります。全身の力を抜いてプールにぷかっとただ浮かんでいる状態は非常にリラックスできて、無重力の宇宙に浮かんでいるかのような気分になれます。

浮かぶ以外にも、呼吸に合わせてゆっくり泳いでもいいですし、私の場合は潜水をすると頭がすっきりしました。水の中は重力を感じにくくなったり、音が聞こえにくくなったりといつもと違う世界に入りやすいので、禅的状態になりやすいのです。

テニスや卓球などのラリーも禅的になりやすいです。ラリーを繰り返していると、だんだんとタイミングが合ってきて、ふと何も考えなくとも続く瞬間が訪れます。自分と相手とボールの動きが一体となって、何か一つの生命体の運動のように感じてくる。その瞬間は、自分がどう動こうとか、相手がどう動くのかといったことをいっさい考えることがなくなります。

日常の中に禅を取り入れる方法

こうして考えていくと、さまざまなことを禅として応用できそうです。先に紹介した大阿闍梨の塩沼さんは、禅の悟りに至る方法の一つが「繰り返し」すなわちルーティンだと述べています。呼吸と身体のリズムを中心として同じことを繰り返す。その繰り返しの中で、自分の心を自然とコントロールできるようになるのです。

日本では昔から職人に対する敬意が払われてきました。もちろん、長年にわたり磨き上げられた職人さんの技術は純粋に尊敬すべきものですが、単に技術の高さを評価しているのとは少し異なる気がします。それよりもむしろ、長い間同じことを繰り返して技を彫琢《ちょうたく》する、その日常の生活そのものへの感嘆に近いものではないでしょうか。

たとえば、宮大工の職人さんがカンナで木を削る。薄皮のように削り取られる圧倒的な技術と同時に、同じ動きをリズムよく繰り返す職人さんの身体は、活気があってしかもリラックスした「カンナ禅」と呼べるような状態になっています。

技を極めた職人さんはこのような安定した身体を持っていることが多い。それが、日本人が職人好きである理由の一つではないかと思います。

職人といっても、伝統工芸などに限る必要はありません。料理をする人なら包丁の千切りを「禅的」にやってみてもよいでしょう。速く速くと意識しているうちはまだで、何も考えずとも一定の間隔と速度でできるようになるまで繰り返す。日々の仕事でつまらないと思っていたルーティン作業も、禅と思って取り組むとまた違って感じられるはずです。

要は、誰もが身体の技を通して悟りに開かれている。私たち日本人は、そのことを無意識のうちに文化的に身につけていたはずです。

「手に職をつける」という言葉があります。今では食い扶持《ぶち》を失わないために何か資格を取って安定した職業につくといった意味合いが強いですが、本来はこうした職人的な生き方を一つの理想とするということに主眼があったのではないかと思います。

アメリカ的な価値観が広まる中で、高給で安定した企業に勤めたり、投資などで莫大な資産を築いたりといったことが求められ、職人的な生き方は古い価値観のように感じられるようになってきました。

しかし、現代社会は一部の成功者とそれ以外の閉塞感を生み出しました。そうした中で、人々はただ金銭的な価値にとらわれない職人的な生き方を無意識に求めているのではないでしょうか。

手を動かすことは、精神の安定につながります。単純作業をずっとやっていると、いつしか心地よくなっていくことは多くの人が経験したことでしょう。

私も子どもの頃に、リンゴを磨くということに凝《こ》ったことがあります。今スーパーで売られているリンゴはワックスがかけられていて最初からツヤツヤしていますが、かつてはそうではありませんでした。それを布でもって丁寧に磨くと、次第に光ってくるのが気持ちよかったのです。

やがてリンゴでは飽き足らなくなって、今度は石を磨きだしました。こちらはつやが出てくるまでにリンゴよりも時間がかかりますが、そうして磨き上げた石は何か宝物のようで、その石を持っただけで心が落ち着くのです。石を磨くという行為が技となって、その石が自分の会得した技の証《あかし》だと感じられたのかもしれません。

「上達」の意味

このように、技を身につけるために使った道具は、それ自体が精神の安定に役立つものとなります。大工さんは使い慣れたカンナを持てば大工の身体となり、バイオリニストは楽器を持つことで演奏に適した身体になることができる。メルロ＝ポンティ的に言えば、道具が身体の延長となるわけです。

武道、芸道における上達とは、こうした道具との連関を含めた身体の技を身につけることで、この世界の中で精神を安定させ、自らの力を最大限発揮できるようになることだと考えます。

江戸時代までの武士は腰に刀を差していましたが、太刀と脇差の二本ともなれば相当な重さです。黒澤明監督が『七人の侍』を撮る際に役者に刀を差させたところ、最初は片側に重さがかかるのでどうしてもバランスを崩してしまう。それでも、その状態で歩いたり走ったりしていると、次第に役者の腰がしっかりしてくると言っています。

つまり、かつての武士たちは重い刀を差してもぶれない身体のバランスを持っていたということです。そのために必要なのが腰と肚《はら》の安定です。腰と肚が安定していれば、重心がぶれず、呼吸も乱れません。逆に呼吸を整えることは、腰肚の安定につながります。

これは服の着方一つにも表れてきます。昨今の時代劇などを見ていると、袴《はかま》や着物の帯を締める位置がとても高いことに気づきます。ズボンにベルトを締めるのと同じ感覚なのでしょうが、そもそも帯は下腹部の重心の位置、すなわち臍下丹田のところで締めるものでした。その位置が身体における重要な部分だからこそ、そこに力を込め、守るために帯を締めるのです。

こうした武士の身体性は、戦後失われました。では、身体の訓練なくして武士の精神性だけを学び取ることができるかと言えば、それは不可能です。何も人を殺す技術や切腹を厭《いと》わない精神を取り戻せということではありません。ただ、腰肚文化を取り戻し、身体と精神の安定を取り戻すことは、現代人にとって必要とされることだと思うのです。

明治の立役者も心は武士だった

幕末ともなれば、戦いの場における主役は鉄砲や大砲です。剣術にいくら長《た》けていても、それは戦力として大した意味をなしませんでした。それでも坂本龍馬や勝海舟など、あの時代に活躍した人たちの多くは剣術の達人でした。

では、なぜ剣術を学ぶのか。そこには、剣術を磨く中で自己の心身を鍛錬するという意味合いが強くあったのではないでしょうか。

宮本武蔵の『五輪書』には「千日の稽古を鍛とし万日の稽古を錬とす。よくよく精進すべし」とあります。そうした鍛錬を通じて動じない心を持っていたことが、西洋諸国の攻めてくる中で、幕末の志士たちが何とかして日本の生き抜く道を探りえた理由の一つだと思います。

儒教における三つの徳は智・仁・勇です。智を知識に基づく判断力、仁を優しさや倫理観だとすると、それらの面で現代人は江戸時代の人に比べて劣っているとは言えません。他方、勇気という面においてはむしろ幕末に比べてはるかに劣るのではないでしょうか。

一般の人だけでなく政治家や官僚、企業人などを見ても、幕末の志士たちのような胆力は望むべくもありません。

もちろん、呼吸法を変えればすべて解決すると言いたいのではありません。ただ、動じない身体を持つことで精神が安定し、より良い社会をつくる、あるいは激動の時代を生き抜く大きな知恵となることは間違いありません。

明治時代の日本は、西洋の科学技術や政治・金融制度などを貪欲に取り入れ、社会を大きく変えました。その原動力となった政治家たちの本質は、やはり武士だったと思います。

福沢諭吉は『学問のすゝめ』を書いて、これからの世の中は広く実学を修め近代的な民主主義社会をつくっていこうと提言しましたが、当人はあくまで武士であることに誇りを持っていました。高齢になっても、居合を抜くのを日課にしていました。

福沢は著書『瘠我慢《やせがまん》の説』において、幕臣である勝海舟が新政府に江戸城を明け渡したことに対し、戦乱を避けたことは評価できるが、代わりに武士が持っていたやせ我慢の気風が失われてしまったと嘆いています。

然《しか》るに爰《ここ》に遺憾《いかん》なるは、我日本国において今を去ること二十余年、王政維新の事起りて、その際不幸にもこの大切なる瘠我慢の一大義を害したることあり。すなわち徳川家の末路に、家臣の一部分が早く大事の去るを悟り、敵に向《むか》てかつて抵抗を試みず、ひたすら和を講じて自《みず》から家を解《と》きたるは、日本の経済において一時の利益を成したりといえども、数百千年養い得たる我日本武士の気風を傷《そこな》うたるの不利は決して少々ならず。得を以て損を償《つぐな》うに足らざるものというべし。

実利を説いたと思われがちな福沢でさえ、長い間培ってきた武士の気風を損《そこ》なうことは、たとえ一時の経済的利益があったとしても国家的損失であったと言っているのです。

新渡戸稲造も早くからドイツやアメリカに留学し、非常に開けた感覚を持っていましたが、二本差しを外した時には非常に寂しい気持ちになったと述懐しています。

そして、外国人に日本人の道徳・倫理観とは何かと問われて書いたのが、有名な『武士道』という本です。

この倫理観を一言で表現するなら、「自分自身に対する恥ずかしさ」ということになります。人がそれぞれ自らの利益を追求することはやむをえません。けれども現代の資本主義を見ると分かるように、ともすればそれは歯止めが効かず暴走してしまいがちです。新渡戸は、日本の武士たちにそれに対抗する自制心の行動原理を見出しました。

西郷隆盛は、そうした武士道を体現していた人でした。明治政府樹立後、西郷がなぜ西南戦争を戦わなければならなかったのか。一つには、特権を失った士族の不満があったと考えられますが、西郷ら維新の志士たちは、それを承知のうえで改革に臨んだはずです。ですから、私はその理由の本質は、西郷の思う武士道と明治政府の進む道との間にずれが出てきたことではないかと思っています。

たしかに、明治の西洋近代化は日本という国を諸外国から守りました。一方で、そこを端緒として日本人が培ってきた武士道、すなわち精神性と身体性が失われていくことになったのです。

それでもまだ戦前生まれの人は「臍下丹田」という言葉もよく知っていましたし、日本的な身体文化を受け継いできました。それが一気に失われたのが戦後でした。

能に受け継がれる身体文化

そうした武士のための芸能として栄え、今日まで続いている芸術が能です。そこには今日の私たちが忘れてしまった身体性が息づいています。

能は誰でも気軽に習うことができます。能を学ぶ際には、踊りを「仕舞《しまい》」、歌を「謡《うたい》」といいます。私は謡を習っていたことがあるのですが、先生からはまず臍下丹田に息を当てて声を出すようにと指導されます。はじめに先生が声を出して、それを真似して復唱するという進め方です。

呼吸は緩く長く臍下丹田に息を当てるようにと言われるのですが、そう言われても呼吸は上に吐くもので物理的には横隔膜《おうかくまく》より下にいかないはずです。けれどもそういう感覚でやってみると、たしかに声に張りが出てくるようになる。すると大きな声を出そうとしなくても、舞台から見所《けんじょ》（客席）に向けて全体に響くようになってくるのです。

そうした身体感覚のちょっとした違いを繰り返し練習することで技として身につけると、結果として身体自体がそれまでと違うものになるということを実感できました。

能をご覧になったことのある方はご存じのとおり、役者の動きはゆっくりで、まったく激しいものではありません。それにもかかわらず、舞台上での能役者の方の存在感はすごいものがあります。

観世《かんぜ》流シテ方の観世寿夫《ひさお》さんの著書『心より心に伝ふる花』（角川ソフィア文庫）に、能役者に必要なこととして、手をすっと上げるだけでそこから前方にエネルギーが開かれ、能楽堂全体がそのエネルギーで満ちるようでなければならないと書かれています。

その時に大事なのが、腰の裏の蝶番《ちょうつがい》のところ、その腰の裏の一点に意識を集めて、お面の下の呼吸を絶対に悟られないようにすると言います。ちょうどホースを絞ると水が遠くまで飛ぶような感じだそうです。

観世寿夫さんの宿願は、世阿弥の精神を現代において実現することでした。そのためには、世阿弥の身体性と精神性を深く理解するだけでなく、自分の身体を通して表現できることが大切で、観世寿夫さんはそれを高いレベルで実現されていました。

たとえば、呼吸の詰め開き。詰めるというのはグッと溜めて、開くというのは緩めることです。その詰め開きを観客には分からないレベルで行う。そうして、呼吸のエネルギーで会場の空気をコントロールしていました。能とは、身体ひとつで会場と観客をコントロールする非常に高度な芸術なのです。

能に限らず、スターと呼ばれる人は他の人と何が違うでしょうか。それは歌が上手いとか、演技が上手いといったことだけでは説明しきれないものです。

一言でいえば、その人が舞台にいるだけで会場の空気がその人のものになるということです。だから、その人の一挙手一投足に会場がざわめく。往年の長嶋茂雄さんは、何でもないゴロをさばくだけでも球場全体をわかせました。それは長嶋茂雄の身体性によるものです。

井上陽水さんがトークイベントの際に、観客のリクエストにこたえて予定外に歌ってくれたことがありました。陽水さんにしてみればさらっと歌っただけなのかもしれませんが、会場全体がまさに井上陽水の空気感に酔いしれていました。

能役者は、世阿弥が確立した身体性を受け継ぎ、芸術として高めています。たとえば、腰を低くしてすり足で歩く能独特の歩き方。そうした能を構成する一つひとつの動きを、時を超えて受け継いできました。それらが失われれば、能は芸術ではなくなるでしょう。

歌舞伎は能よりも派手な動きが多いので、分かりやすく身体性に支えられています。見栄を切る場面では腹の底から声を出していますし、空中に飛び上がって胡坐《あぐら》をかいて尻から落ちる動作などは普通の人がやったら尾てい骨を痛めてしまいますが、歌舞伎役者は息をグッと吐いて体に力を入れることでそれをやっているそうです。

このように武道や芸道の世界では、腰と肚を安定させ身体の軸を確立するということが長年にわたって受け継がれてきています。本来こうしたことは、程度の差はあれ日本人皆が持っていたものでした。

野口整体――呼吸を通して身体の気をコントロールする

近代以降の日本においても独自の身体技法を研究、開発してきた人はたくさんいます。その一人が野口整体で有名な野口晴哉《はるちか》さんです。

野口整体の方法の一つに「愉気《ゆき》」というものがあります。愉気とは、てのひらに気を集中させて注ぐことで体の自然治癒力を呼び覚ますという方法です。

「気」というのは分かるようで分からないものですが、息と深い関係があります。

愉気法というのは、他人の体に息を通すことである。離れていても、手をつないでいても、その部分に手を触れていてもよい。自分の気を相手におくるつもりで、気をこめて息をおくる。それだけである。静かな気、澄んだ気がよい。強くとも荒んだ気、乱れた気はいけない。

(『整体入門』ちくま文庫、29ページ)

てのひらに集中すると、そこに気が集まる。額の真ん中に集中するとそこに気が集まる。

こうしたことは何となく感じることができるのではないでしょうか。気とはそんなに不思議なものではなく、生きものであれば必ず感じるものです。

私は初め、気を感じ合うのは人間同士だけだろうと思っていました。ところが猫など耳に愉気しますと飛び上がることがある。あるいはビクッと動き、脚をブルブル動かす。犬や猫だけでなく、他の動物でもそういうことは起こる。

（前掲書、30ページ）

動物に限らず植物も感応します。（中略）生きもの同士には、全部共通する何かがある。気という、そういうものを生きものならみな感じる。

（同31ページ）

私自身、野口整体の教室で「愉気」を体験したことがあります。

野口さんは、「疲労したり、体力の喚《よ》び起こしを必要とする時は、背骨へ気を通す。その方法は背骨で息をすること」とも言っています。背骨で息をする、というのは現実に起こっていることではありませんが、その言葉から得られるイメージは確かなものです。

私も疲れた時は、「背骨に息を通す」ことを実践しています。

このように呼吸を通して身体の気をコントロールすることで、身体の持つエネルギーを十全に活用できるというのが野口晴哉さんの考え方です。

野口体操――身体を通して自己を意識する

また、同じ野口で混同しやすいですが、野口体操で有名な野口三千三《みちぞう》さんという方もいます。野口三千三さんは、からだを「体液主体」として捉え、流動的な原初生命体として捉え直す方法を野口体操として確立しました。私も一時期その教室へ通ったことがあります。

教室には役者さんもきていましたが、身体を使った表現をするにはまず体が柔らかいこと、つまり響きやすい身体をつくることが求められました。簡単に言えば、身体を革袋に水が入ったような状態と考えるのです。

野口体操の基本は、身体を緩めることです。

次の瞬間に働くことのできる筋肉は、今、休んでいる筋肉だけである

今、休んでいる筋肉が多ければ多いほど、次の瞬間の可能性が豊かになる

（『野口体操　おもさに貞く』柏樹社、20ページ）

そして、身体全体をゆするようにしてぶらぶらとさせ、首や肩の力をしだいに抜いていく体操が野口体操です。こうして身体が緩んだ「ぶら下げの感覚」が、人間が人間であることの基礎感覚だと考えるのです。

野口三千三さんが提唱した面白い方法の一つに、漢字を自分の身体で表現してみるというものがあります。お笑い芸人のゴルゴ松本さんが両手を広げ片足立ちして「命」のポーズをしていましたが、あんな感じです。

白川静さんの研究にもあるように、漢字はもともと象形文字ですからその形には由来があります。それを自分の身体で表現することで、身体と言葉が絡み合う感覚を味わうことができるという面白い試みです。

野口さんは自身の体操を「自分自身の生身のからだの動きを手がかりに、今ここで直接、

体験するからだの中身の変化の実感によって、人間（＝自分）とは何かを探検するいとなみ」（『原初生命体としての人間』三笠書房）としています。

身体を通して自己を意識する。すなわち「身体的自己」と呼べるようなものを野口さんは想定していたはずで、これは東洋や日本の伝統的な身体文化を受け継いだものだと考えられます。

呼吸と書いて「コツ」と読んだ勝海舟

では、西洋において身体技法はまったく現れなかったのかといえば、そんなことはありません。将棋の藤井聡太さんが受けていたことでも昨今話題になったシュタイナー教育の創始者であるルドルフ・シュタイナーは、内面的なイメージの力を重要視して教育に採り入れていました。

その一つに「オイリュトミー」と呼ばれる方法があります。オイリュトミーとはいわゆる舞踊芸術で、音楽などに合わせて身体を動かして気持ちなどを表現するものです。

たとえば、何人かで手をつないで輪になるのですが、その際にみんなが外側を向いて輪をつくり回るというものがあります。そして、回りながら円の中心を感じるのです。背中の側ですから目には見えません。ですから、背中の側の感覚を研ぎ澄まし、自分の身体から離れた見えない中心点を感じなければなりません。そのためには普段は使わない意識を使うことになります。

このように、スポーツから武道、芸道、呼吸法、整体、体操など二〇種を超える身体技法を学んだのが私の大学院時代です。身体技法を研究するには、まず自分ができなければいけないと思ったからです。授業を床で開脚しながら受けたりして、今考えると相当変な人だと思われていたかもしれません。

呼吸を長時間止めたり、瞬《まばた》きせずロウソクを見続ける訓練をしたりと過酷なものもやってみましたが、苦しいものは長続きしないので誰もが使える技とはなりません。最終的にはやはりシンプルな呼吸法――三秒吸って、二秒止めて、一五秒吐く――というものに落ち着きました。

そして、誰でもできる呼吸というものを中心に身体技法を組み立て、それを教育へと活かすことを考えたのです。

先に、福沢諭吉が勝海舟を批判したと言いましたが、その勝もまた自分は剣と禅によって養われたと書いており、息の文化を体得した人でした。

剣術における駆け引きや押し引きを呼吸として捉えており、『氷川清話』では「ただ外交ばかりでなく、およそ人間窮達の消息も、つまりこの呼吸の中に存すると思うよ」と書いています。この本には、呼吸と書いて「コツ」とふりがなを振っている場合もあり、勝の呼吸に対する理解が読み取れます。

洋の東西を問わずさまざまな勉学を重ねつつも、その根本に腰肚と息の文化があったことが日本の近代化を支える原動力となったはずです。それをなくして、ただ近代化の頭部分だけを取り出したところに、現在のような人々の生きづらさの要因があるように思えます。

素読は、ただ暗記することが目的なのではなく、声を出すという身体性とセットになっているところが重要です。

先生が読んだ言葉を生徒が復唱することを通して、言葉が身体に刻まれるように深く入る。その時点では意味が分からなくても、その後の勉強や体験を通して刻まれた言葉が意味を持つのです。ただの暗記では、すぐに忘れてしまって思い出すこともできません。

身体性を失うとは、そうした深い学びの機会を失うということでもあります。

「拠り所」をどこに求めればよいか

教育を通して、その失われた日本の身体性である腰肚文化を取り戻したい、というのが私の目標です。重要なのは、単に知識として知っただけではだめで、それを体得することです。今さら剣術や能、禅をすべてやるべきとは思いません。ただ、呼吸法を通して悟りに近づく感覚を知ること、すり足を通して臍下丹田に力を込めた時の身体感覚を経験しておくことは重要だと思うのです。

禅と言えば日本のものであると外国からは思われているのに、グーグルなどアメリカのIT企業でマインドフルネスが流行っていると知ると、日本人がこぞって取り入れるという状況はどこか矛盾しています。

マインドフルネスとは、いわば宗教的なものを排除した悟りの技法です。日本においては職人などが日々の仕事にも瞑想的要素を見出してきたことは先に説明した通りです。つまり、日本人にとってマインドフルネスは決して新しいものではなく、むしろ忘れてしまっていたものなのです。

かつて身体を整えることは誰にとっても大切なことでした。

杉本鉞子《えつこ》さんという明治六年の生まれで、結婚を期に渡米してコロンビア大学初の日本人講師となった方がいます。その方が英語で出版した『武士の娘』という本があるのですが、その中に次のようなエピソードがあります。

杉本さんの父は旧長岡藩の家老だったのですが、娘にも武士の精神を持ってもらいたいと思っていた。杉本さんは家庭教師に勉強を教わっていたのですが、勉強している時にちょっと姿勢を崩しただけでも「今日はここまでにいたしましょう」と言って先生が帰ってしまう。それで部屋に帰って一人泣いたというのです。

今の大学でそんなことを言ったらおそらく授業は成り立たないでしょう。けれども、それくらい何かをする際は、自己の身体を律するということに重きが置かれていました。

当時は体罰もあったでしょうし、何もかも昔がよかったということではありません。ただし、身体を通した自己コントロールは過去に見習うべき点があります。

自己コントロールという意味では、最近の学生はおとなしく、マナーもよくなったように見えます。ただ、一方で精神的強靭さやバイタリティ、プレッシャーに打ち克つメンタルは弱まっているようにも感じられます。つまり、表面的なコントロールには長《た》けていても、芯の部分のコントロールに弱さがある。

身体を通じて得られる自己コントロールは、この内面を強くするものだと思います。精神が行きづまった時に、身体からそれを取り戻すことができるようになるはずです。

人が生きていくうえでは何かしら拠り所が必要です。何かをしようとした時に拠り所がないと、迷いや落ち着きのなさにつながります。臍下丹田を意識した丹田呼吸法の最大の目的は、そうした拠り所をつくることにあります。

呼吸を意識することで、ブレない身体が生まれ、そこから勇気や胆力といったものが生まれてくるのです。

往年の名バッターである榎本《えのもと》喜八というプロ野球選手がいました。日本のプロ野球だけですと、一〇〇〇本、一五〇〇本、二〇〇〇本安打達成の最年少記録すべてを持っているすごい選手です（日米通算を含めると二〇〇〇本安打の最年少はイチロー）。

榎本さんは、臍下丹田を中心として指先から足先までを結ぶトレーニングをすることで、バッティング技術を向上させたと言います。

目でボールを見るんじゃなくて、臍下丹田でボールをとらえているから、ゆっくり振っても精神的に間に合うんです。ちょうど夢を見ているような状態で打ち終わる。

（「Number」131号）

これなども、拠り所があることによって相手投手のボールに合わせず自分のスイングができたから、あれだけの打撃成績を残せたのだと考えられます。

武士道などというと時代錯誤のもののように思われがちですが、昔の日本人の身体を通した人間形成がこの時代にも必要ではないかと思います。

大正生まれあたりの世代がいなくなってしまえば、そうした日本の身体文化が失われてしまうという危機感から、身体文化を自ら吸収し伝えていくことを目指したのです。

第4章

教育と生き方の技法

「論より身体」の教育学

これまで本書では、「身体を通じた教育を日本に広めたい」という私の研究の進め方に沿って、身体の持つ意味を見てきました。

結局のところ、私の専門である教育方法というものは「論より身体」とでも言えましょうか、やっている本人の授業が面白く効果のあるものでなければ意味がないわけです。教育学の世界でも、教えている当の本人の授業がまったく面白くなくて、学生がその内容を身につけられないという例をたくさん見ました。

ですから、教育方法の研究とはスポーツのコーチに似ています。コーチよりも教えている選手のほうが才能豊かだということはありえますが、選手が伸びないコーチというのは意味がないわけです。

そのためには、まず自分が教育の技術を高めなければならない。それは教育を技として身につけ、上達していくということですから、日々の授業が学問の対象であり、実践する場所でもあるということです。

いわば、自分の身体そのものが研究材料になるわけです。そうして教室で生徒の前に立っていると、あることに気づきます。それは、教室の雰囲気というのは、教師の状態によって決まるということです。ここでいう「状態」とは、教師の身体性のことです。

教師は大人数の生徒に対することが多いですが、それもつきつめれば生徒一人ひとりとの関係です。この人間と人間の関係は、身体的には「息が出会う」ことだと捉えることができます。

そこで、第2章で述べたメルロ＝ポンティの現象学にならって「息の現象学」というものを志してみようと考えました。自分自身の身体を実験台にして、呼吸している身体と身体の関係を記述し、深く認識しようとしたのです。これをまとめたのが『息の人間学』（世織書房）という本でした。

二人の人間が出会うということは、息と息が出会うということです。他者と私が関わりあい、その場にある雰囲気が生まれるということは、互いの息が影響を受けあっているのです。

複数人の共同作業が上手くいくことを「息が合う」と言いますが、まさに呼吸のリズムというのは関係性を如実に表すものなのです。逆に、同じ空間にいたとしてもその人たちの息がまるで影響しあっていないのだとしたら、彼らは深い関係性にあるとは言えません。

こうして人間関係を「息」から分析して、他者の身体と自分の身体とが互いに変容を与えあう関係性を場と捉えると、教師と生徒との場である教室の雰囲気を身体性によってコントロールすることが可能だと考えたのです。

教師の身体が変われば、教室が変わる——身体の関係性

思えば、こうした研究をしていた二十代、三十代は決して順風満帆ではなく、むしろなかなか上手くいかない時代でした。

かつて『上機嫌の作法』（角川ｏｎｅテーマ新書）という本を書いて、人に接する際には上機嫌であることが大切だと言いましたが、当時の私はとてつもない「不機嫌」な時期を過ごしていました。すると、友達も少なくなり、先生からの支持も得られないなどどうしようもなくなってしまいました。

考えてみれば、ラフカディオ・ハーンが日本は微笑の文化であると言ったように、日本人が人に接する時の態度は基本的に上機嫌なのですから、自分の機嫌に左右されない上機嫌の技を身につけようと思ったのです。

上機嫌を技化して実行してみると、自分が教師として教える教室全体の雰囲気も上機嫌に

なるのが分かりました。教師の身体が変わるだけで、こんなに場が変わる。そのことから、まさに身体とは関係性そのものであると気づいたのです。

身体とは自分のものでありながら、個人に閉じているのではなく、関係性を生きているものです。その身体が変わるということは、関係性が変わるということなのです。

哲学の分野でも、要素よりも関係性を重視する考え方はありました。

廣松渉《わたる》さんというマルクス主義を専門とした哲学者の方がいますが、彼は西洋的な実体主義に対して、関係主義的な哲学を提唱しました。これは、私たちはAやBという物が先にあってそれぞれを比較できると考えがちだが、そうではなく関係性のほうが先にあるのだという主張です。

ですから、人間の世界でも個人と個人が出会っているようだけれども、関係性の中で個人が認識できるということです。

大雑把な比喩ですが、音楽のメロディは転調、つまりキーが変わっても同じメロディだと分かります。たとえば、グレン・グールドがバッハのゴルトベルク変奏曲を演奏した有名な録音がありますが、さまざまに技法や調を変えられた曲の主題が同じだと感じられるということは、そこに何かしら共通のものがあるからです。

それはすなわち個別の音がドなのかソなのかではなく、音の並びの関係性を私たちは聴いているということです。だから調が変わっても音の関係性が崩れていなければ同じメロディであり、雰囲気の違いとして認識ができるのです。

絵画でも、ある部分の色のきれいさというよりも、周りの色との対比によってその美しさが感じられます。モネの「印象、日の出」という絵は赤い太陽が印象的ですが、その赤色は周囲の霧がかかったような空気感との関係において、太陽を表すものとして最大限の効果を発揮していると言えるでしょう。

実物を見ると、太陽を表す赤色が本当に光を発しているように見えるのですが、その部分だけを取り出したらそうは見えないはずです。それも絵画が関係性の中で成り立っていることの証ではないでしょうか。

こうして見てくると、すべての芸術や表現が関係性の中で成り立っているようにも思えてきます。考えてみれば、表現はそれを受け取る人がいなければ意味がありませんから、必然的に表現者と受け手との関係が生まれます。

今でこそ一人で詠むことの多い俳句も、かつては連歌という、一人が五七五と詠むと次の人は七七を付け足していくことを繰り返す形式が主流でした。何人かが集まって句を詠み継いでいくと、そこに「座」と呼ばれる場というか空間が生まれます。その関係性の中で作品ができ、かつ皆で楽しむのです。

連歌は、いわば「座の文学」であり、関係性の文学なのです。芭蕉は連歌のライブな関係性を愛し、その場で作られた連歌の文字としての記録は二の次としました。

これは舞台における演劇でも同様です。役者同士の関係性はもちろんのこと、観客との間の関係性によってもその舞台の出来は変わると言います。ロックコンサートのライブなどは、まさに観客のノリとの一体感が醍醐味です。

親・子も夫・妻も関係性における名称です。当たり前ですが、結婚することでしか夫にも妻にもなることはできませんし、子どもがいなければ親になることはできません。くわしく見れば、親になることには二つの意味があって、子どもが生まれた瞬間に親になる面と、子育てをすることでしかなれない親という面が考えられます。

心理学者のエリクソンは、アイデンティティ（自己同一性）すなわち自我とは、「相互性（ミューチュアリティ）」によって発達していくという考え方を示しました。子どもは、最初は母親との関係性において自分というものを認識します。それが父親、親族、友達、先生……などと広がることによって社会の中での自我を確立していくのです。

このことに関して思い出すのが、松本大洋さんの『ピンポン』という漫画です。タイトルの通り高校の卓球部を舞台としたお話なのですが、その中で主人公の一人である通称スマイルと呼ばれる生徒が、バタフライジョーと呼ばれた顧問の小泉先生から逃げ出します。後にスマイルは戻ってくるのですが、それに対して先生は「コーチの仕事は、選手が存在して成り立つのだ」と言うのです。

関係主義的に考えることのメリット

こうした関係主義的な世界観は、人間社会を考えるうえでも非常に役立ちます。

多くの人は、自分は一つの人格であると思いがちです。しかし、考えてみれば家族との関係性、友達との関係性、会社での関係性はそれぞれ違うもので、人は同時にいくつもの関係性を生きているのが普通です。

それならば、一人の個人というよりもそれぞれの関係性の数だけ顔があるというように、人間の存在を関係主義的に捉えたほうがリアルではないでしょうか。

マルクスは、「フォイエルバッハに関するテーゼ」の中で、「人間的本質は、社会的諸関係の総体《アンサンブル》」だと言っています。

小説家の平野啓一郎さんは、これを「分人」という言葉で表しています。英語で個人とはindivisual《インディヴィジュアル》という単語ですが、これはdivide《ディヴァイド》（分割）できないもの（.inは否定の意味を表す接頭辞）という意味です。それに対して平野さんはdivisual《ディヴィジュアル》、つまり分割できるものとして人を捉えようと言うのです。

そこで、私は関係主義的な視点を徹底して技化してみました。それまでなら相手が悪いと思ってしまうような時も、二人きりでなく別の友人を交ぜてみる、あるいは場所を変えてみるなど、相手個人ではなく関係性が悪いのではないかと考えてみるのです。

こうして関係性を変えると、相手の関係もうまくいくことがあります。子はかすがいなどと昔から言われますが、子どもが生まれると夫婦の関係性は否応なしに変化するのと同じです。

このことの利点は、あくまで関係性に着目しているので、何かうまくいかないことの原因を個人の責任に負わせなくてもすむことです。厳密に見ればそれぞれに悪い部分はあるかもしれませんが、それをいちいち責めていたら人間関係はうまくいくはずがありません。関係性を変化させることでそれを解決するのです。

サッカーなどでは、チームの成績が悪い時にシーズン途中で監督を交代することがあります。監督が変わると、コーチや選手を含めたチーム全体の関係性が変わります。すると、監督以外は同じだけれども、成績が改善することがあるのです。

これは、必ずしも監督個人が悪かったとは限りません。前年に優勝したほど強いチームだったのが、今年の成績はまったく振るわないという時に、監督を代えたら盛り返した。では、その監督はどうしたかというと翌年に別のチームに行って好成績を収めている、なんてこともよくあります。その監督の能力はあるのに、勝てなかったということです。

監督を代えたところで、選手は同じメンバーなのですから戦力はさほど変わりません。もちろん個々の戦術とか指導がフィットするかといった問題はありますが、シーズン途中で代えることはむしろリスクでもあります。

それでも監督を代えるということが頻繁に行われるのは、やはり雰囲気や関係性を変えるということが目的であり、それが結果を左右するものだからです。

目に見えない関係性をどのように変えるか

中学や高校の授業でも、科目ごとに先生が代わることでクラスの雰囲気が大きく変わるということがあります。クラスのメンバーが変わっていないにもかかわらずそうしたことが起きるのは、生徒が真面目なのか不真面目なのかだけではなく、先生との関係性でその場の雰囲気が決まってくるということです。

だから私も、自分が関係主義的な視点を身につけると同時に、それを教室の中で実践しようと考えました。

ただ、関係性を変えるといっても、関係というのは目に見えない抽象的なものですから難しい。では、どうすればよいかという時に、何が関係性を作り出しているのかとまず考えました。

その結果、辿り着いた結論が、関係性の基盤となっているのは身体であるというものです。だから、身体を変えれば関係性も変わる。最も簡単なところでは、声のトーンを高くすれば教室に活気がでます。そういった実践を通して、身体を通して関係性を変化させる術を身につけていったのです。

そこで参考にしたのが、コミュニケーションの技法でした。たとえば神田橋條治《かんだばしじょうじ》さんという精神科医の先生は、患者さんの話を聞く際に「ほおっ」と大きくうなずくと患者さんがよくしゃべってくれるようになったそうです。

精神科にくる患者さんの多くは、身体的な病と違って目に見える症状は少ないものです。患者さんが話してくれなければ、診断することはできません。

この「ほお」といううなずきを繰り返していると、次第に大げさに「ほお」と言わずとも小さく声に出すだけで伝わるようになった。それを全身が「ほお」とうなずいているような感じであり、医師がひらかれてほどけた共感的な身体を持つことで、患者さんがオープンになるというのです。

これを知って大変に感銘を受けて、私はそれから「ほお」の練習をしました。実際に声を発しなくても「ほお」の身体をつくれるようになるまで技にしていく。こうしたコミュニケーションの技術は、解説した本などがよく出されていますが、実際にやってみてこそ効果があります。

神田橋先生は全身を耳にするという言い方をしていますが、まさにそのように教室で学生相手に「ほお」と全身でうなずいていると、次第に学生たちが臆せず発言や発表をするようになりました。身体論においては、「全身を耳」といったようなイメージを通して身体を変え、関係性を変えていくことが大切です。

関係の中でこそ個人の価値は生まれる

もう一つ、関係主義的な視点を持つことの意味は、人間関係や社会の在り方を総体として見ることができるようになることです。一人ひとりが良い悪いということだけではなく、関係性として捉え、そのバランスをいかに保つかという考え方です。

昨今は「生産性」という言葉で、社会全体でも仕事でも効率が求められます。もちろん、限られた時間や資源を使って、より多くのアウトプットを出すことは悪いことではありません。ただ、あるシステムを効率だけの観点から変えた時に、何が起こるかということは省みられてもよいと思います。

ある組織を効率が悪いと言って無駄を省くようにシステムを変える。すると一時的な生産性は高まったけれども、みんなが疲弊してしまって斬新なアイデアも生まれなくなった、といったことがあるかもしれません。効率の悪さと見えていたものが、ある種の緩さの関係性として、その組織を保っていた可能性が十分にあります。

個人の能力についても同じことが言えます。組織において個々の能力が高いことは望ましいことですが、それもメンバー全体としてのバランスが重要です。

サッカーの例を繰り返しますが、チームにスター選手を集めれば勝てるかといえば、必ずしもそうではありません。二〇一八年のワールドカップでアルゼンチン代表には世界最高のプレーヤーとされるメッシがいましたが、チームとしてはあまり好成績を残せませんでした。メッシにボールを集めようとするあまり、チームとしてのバランスを欠いているように、多くの人は感じたと思います。

一方で、二〇一七年にブラジル代表のスーパースターであるネイマールが、スペインリーグの強豪チームであるFCバルセロナから、フランスリーグのパリ・サンジェルマンに移籍しました。FCバルセロナにとっては大きな戦力ダウンであり、誰もがバルサの心配をしましたが、ふたを開けてみれば優勝に終わり、ネイマールが抜けてかえってバランスがよくなったのでは、とまで言われました。

漫才のコンビの面白さも関係性として見ることができます。コンビそれぞれの芸がいくら面白くても、組み合わせが悪くてウケないということがあります。反対に、なんでこんな面白い人が、ぜんぜん面白くない人と組んでいるんだろうと思われるコンビでも、何かしらそこには理由があるのかもしれません。

人は社会的な動物だとされます。生きていくうえで、日々の付き合いも仕事も一人でやるだけでなく、必然的に他者と関わりながらのものになります。現代は個人の価値に重きが置かれがちですが、私は関係性の中でこそ逆に、一人ひとりのかけがえのなさが生まれてくるのだと思います。

ロックバンドのレッド・ツェッペリンは、ドラマーのジョン・ボーナムが亡くなったことをきっかけに解散しました。もちろんボーナムのドラムが特徴的だったということもありますが、上手いドラマーは他にもいるはずです。それでも別の人を入れたらレッド・ツェッペリンというバンドではないというのは、バンドがまさに関係性の産物だからです。そして、その関係性の中でかけがえのない個人の価値も見出せるのではないでしょうか。

企業の暗黙知と身体知の関係

そうした関係性を作り出しているものは何かと言えば、私は身体を基盤にした経験知の共有だと考えています。

餅つきの合いの手と同じで、自分の力を発揮するだけではだめで、相手との関係の中で仕事が進みます。また、そのタイミングも最初は声を掛け合い、探りながらですが、慣れてくるといちいち言葉にしなくても分かり合える部分が大きくなっていきます。

こうした経験値は意外に膨大なもので、それを研究対象にするとなかなか大変です。たとえば仕事で引継ぎをしたり、されたりすることがあるでしょう。たいてい書類などにまとめて一時間くらい説明を受けますが、実際にやってみると分からないことだらけということが多いのではないでしょうか。それは、どんな仕事でもすぐには文書化できない知識に支えられているからです。

こうした知識は「暗黙知」と呼ばれます。経営学者の野中郁次郎《いくじろう》先生は『知識創造企業』（東洋経済新報社）という著書で、日本企業はかねてからそうした暗黙知の共有が強みだったということを示されました。

野中先生は私の『身体感覚を取り戻す』（ＮＨＫブックス）を評価してくださって、ある時お会いしたことがありました。その際にお話ししたのが、暗黙知は言葉で伝えるよりも型で伝えるほうがよいのでは、ということでした。

四股《しこ》を踏むと力士の身体感覚を追体験できるように、型というのは暗黙知を共有するために非常に有効な手段です。そして、この暗黙知は言葉として伝えることが非常に難しいものです。だからこそ武道や芸道など身体の技芸においては型が重要視されるのです。

すると、野中先生も「マニュアルでは伝わらない技術の熟練のようなものを型によって伝えることができるのではないか。実はそれが日本企業の強みである」とおっしゃいました。身体を研究していた私と、経営学を研究していた野中先生が、まったく異なる分野にもかかわらずつながるという、非常に興味深い発見でした。

型というのは、私の言葉でいえばスタイルになります。MacやiPhoneなどアップルの製品が人気を集めるのは、その機能性とともに、デザインに現れているスタイルによるものだと思います。

スティーブ・ジョブズはコンピュータや携帯電話から徹底的に無駄なものをそぎ落とし、シンプルな形状をつきつめて製品にしました。そのシンプルという哲学、ジョブズの美意識は、いくら言葉を尽くして説明しても簡単には伝わらないものでしょう。

アップルの社員は、きっとジョブズに何度も怒られながら、そうした美意識を共有していったのだと思います。操作ボタンが三つある試作品に対してジョブズが「一つにしろ」と言ったエピソードもあります。

ホンダもソニーもかつては同じように名経営者と呼ばれる人たちの哲学を社内で共有していたはずです。それが次第に社風とかスタイルと呼ばれるものになるのです。

現在、ホンダジェットが好調ですが、その斬新な機能美には、ホンダのスタイルの継承を感じます。

名経営者もいつかは引退しますし、社員も入れ替わっていきます。それでもそうしたスタイルが受け継がれていくのはなぜかといえば、暗黙知であり身体知によるものだと考えられます。そう考えると、一見身体論とは何の関係もないビジネスの分野においても、多くのことは身体を通して学んでいるのだということができます。

心の中で二人の自分が戦っている

身体の知恵を実感するための代表的な方法の一つが「インナーゲーム」というものです。

これは、アメリカ人のテニスコーチであるティモシー・ガルウェイが考案したもので、実際の競技（アウターゲーム／外のゲーム）で勝つためには、インナーゲーム（心の内なるゲーム）に集中することが大切だとする理論です。
インナーゲームの理論によれば、人の心の中には「セルフ1」と「セルフ2」という二人の自分がいます。勝負の最中に弱気になったりすることはよくありますが、そうした時にはセルフ1がセルフ2を攻撃しているというのです。

セルフ1が「お前はなんでそんなに下手なんだ。ほら、失敗した、言わんこっちゃない」といったようにセルフ2を罵倒《ばとう》する。すると、セルフ2は本来自分の身体が持っているはずの力を十全に発揮することができなくなってしまいます。

これを解決するためには、セルフ1を黙らせるしかありません。そのための方法は一言でいうと「今に集中する」ことです。テニスの試合では相手の心情を推し量ったり、自分がミスをしないか案じたりしてしまいがちです。しかしガルウェイは、そうしたことは一切考えず、テニスボールがバウンドしたら「バウンス」、ラケットに当たったら「ヒット」と声に出して言うというトレーニング方法を提唱しました。

こうして「バウンス、ヒット」と声に出すことで、いま目の前に起きていることに集中し、それによって罵倒しようとするセルフ1を黙らせることができる。これは現代においてヨガや禅に求められている効能と同じもので、「今」に集中することで雑念を払い、身体の持つ力を自然に引き出すというものでした。

私は学生時代テニスのコーチもしていたので、この方法を実際に採り入れてみて効果を実感しました。

たとえば、ダイエットをしたい時に、これを食べればいいといった知識に頼ったり、食品のカロリー表を計算していたりするような人は案外上手くいかず、むしろ体調を崩してしまうことが多いものです。

一方、上手くダイエットできる人は、少し脂っこい食事が続いたから今日は野菜中心にしよう、といったように自分の身体の声を聴くことができ、ダイエットも無理せず長続きさせることができます。

そんなことを言いつつ、私自身も失敗してしまったことがあります。『声に出して読みたい日本語』という本が予想以上のヒットとなり、さまざまな仕事が舞い込んできました。折角の機会ですから来た仕事をすべて受けて、大学の授業をやりながら、本を書き、テレビ出演や講演もして、と毎日朝早くから夜中まで休みがない日が続きました。

目がかすんだり、頭がくらくらすることもありましたが、そうした身体からのメッセージをすべて無視していたらある時、完全に疲れて動けなくなってしまった。それで連載などを一度ストップしてやるべきことを整理したことがありました。身体の研究をしていたにもかかわらず、身体の声を聴くことができなかったのです。

現代社会においては、こうしたことは誰にも起こりがちです。依頼されたり、会社から指令を受けた仕事をやらなくていいとまでは言えませんが、やはり量的な限界や相性の悪い仕事というのはあります。それを無理して続けていると、やがてストレスが過剰になって、身体が壊れる瞬間がやってきます。

また、本人が熱心で、面白い仕事だと感じている時も注意が必要です。そうした人ほどランナーズハイのような状態で、身体の疲れを感じにくくなっているからです。いずれにせよ、自分の身体にフィットした方法を探すことが大切なのです。

「身体のモード」を変えてみる

自分の身体がある状態になっていることを、私は「身体のモード」と呼んでいます。このモードは常に一定ではなく日々移り変わるものです。

たとえば、付き合っている二人がついこの間まではあんなに仲良かったのに、ふと醒《さ》めてしまうということがあります。これは身体のモードが性的なものから別の状態へ移り変わったと考えられます。このモードの変化は強固なもので、理性によってコントロールするのはなかなか難しい。ふと醒めた相手を言葉で説得してもあまり効果がないことは、ご承知の通りです。

最近の言葉で言えば、「スイッチが入る」といった表現が近いでしょうか。役者さんにも普段はおとなしいのに、舞台に立った瞬間にスイッチが入ったようにまるで違う人物になれる人がいます。もちろん、一人の人間の身体は基本的に変わりませんが、身体のモードが変わることで別人のようになることもできるのです。

落語家は、声色や口調一つで身体のモードを変えることのできるプロフェッショナルです。歌手も曲調によって雰囲気ががらりと変わることがあります。これはプロだけでなく、私たちもカラオケで歌う時に感じられるはずです。極端な話、男性が女性歌手の曲を歌う時には、女性のモードになっているわけです。

また、最近は「飲みニケーション」は若い人には不人気ですが、仕事終わりに一杯飲みに行くというのもモードチェンジと捉えることができます。お酒を飲むことで仕事のモードからプライベートのモードに切り替える。お酒を飲みながら仕事のお説教などをしてしまう上司は、そうした身体のモードチェンジができていないのです。

このように、自分なりの身体のモードチェンジ手段を持っておくとよいのではないかと思います。

たとえば、大学の授業では学生に対して、「一週間リアクションを大きくする」という課題をやらせることがあります。それによって周りの反応がどう変わるかということを、自分の身体を実験台として観察し、体感します。

すると、バイト先の評判がよくなったとか、講師をしている塾の生徒が授業をよく聞くようになったといった効果が出てきます。そうして得た知見は、単なる知識ではなく自分自身を変えていく。これが身体論ならではの実践的な学びです。

あるいは、悩みごとのある学生に対して、くよくよと頭で考えるのではなく、身の周りのどんな小さいことでもいいので気づいたことをメモに取ってみるというアドバイスをしたことがあります。少し経つと、その学生は悩みが解消したと言っていました。これは先のインナーゲームと似たような効果です。

身体論の基本は、ある方法を自分にとっての「技」となるまで身体に覚えこませることです。技というと小手先の技術のように感じられるかもしれませんが、何かを技として身につけることは人間としての成長に直結するものです。

私の教え子に、やる気はあるけれども、人の話を聞くことはあまり得意でない学生がいました。就職活動をしても面接がうまくいかず連戦連敗。やっと入った会社は労働環境が悪く、結局辞めて学習支援の仕事に携《たずさ》わるようになりました。

そのクラスではさまざまな学年の子が交じっているので、授業といってもそれぞれの子に合わせる必要があります。その子がどんなことに躓《つまず》いているのか、それを知ったうえで各々に合うプリントを作るということをやっていたそうです。ある時、久しぶりに彼に会ってみると印象がまったく変わっていて、人の話を聞ける素晴らしい教師になっていることが感じられました。

彼は、学習支援の仕事を通して「聞く」ことを技化することができたので、教師としても人間としても一回り成長したのです。学生たちが社会に出て数年たつと、このように感じることが頻繁にあります。それは、社会や会社による規律、訓練の賜物《たまもの》だと思います。

規律や訓練には、人間を管理する権力としてフーコーが批判したような面はありますが、一方で我々はそうした社会性を身につけることで、自由に生きる力を得られるという側面もあります。

「社畜」となるまで会社に盲従することは避けたいですが、仕事をするうえで必要なプロトコル、つまり人と人とのやりとりにおける基本的な約束事を学べば、それは一生の財産となります。それには、仕事をしている自分や会社にいる時の自分を、身体のモードを通して把握してみるとよいでしょう。

言葉は身体性と結びついている

私が教育において言葉を取り上げることが多いのも、身体のモードと関係しています。言葉を話すことは身体性と深く結びついているからです。

これは方言について考えてみるとわかりやすいでしょう。大学進学や仕事などで地方から東京に出てくる方はたくさんいます。それまでは出身地の方言で話していたはずなのに、東京に出てくると比較的標準語に近い言葉を話している人が多いのではないでしょうか。

しかし、そうした友人と一緒にその人の地元に行ってみると、彼が突然その土地の言葉を話し出してびっくりします。けれども、たとえば秋田の人に、東京でも秋田弁で話してみてくれと頼んでも、どうもうまくいかないと言います。

かつては訛《なま》りを隠したいという気持ちがある人も多かったでしょうが、今はそんなに強くないでしょう。おそらく、方言もその土地や同じ言葉を話す人たちの中にいる状態という「身体のモード」と深く関係しているのではないでしょうか。同郷人どうしでなら秋田弁の身体のモードにすぐに入れますが、東京という標準語基準の場所ではそのモードになれないのです。

私は、「にほんごであそぼ」というNHKの番組の監修を一七年ほどやっていますが、そこで方言を取り上げることがあります。

たとえば、宮沢賢治の詩『雨ニモマケズ』を他の方言にしてみると、岩手で生まれたはずの言葉にもかかわらず、それぞれの土地の風土を感じさせるものに生まれ変わります。たとえば大阪弁にしてみましょう。

雨にも負けへん　風にも負けへん　雪も暑いのにも負けへん　丈夫なからだにうんでもうて　慾ばらんと　あんまり怒らんと　いつもおとなしゅう笑うてる

元の賢治の詩では東北地方の厳しい自然環境が感じられますが、こちらはどこかあっけらかんとした大阪人気質を表しているように思えないでしょうか。

深作欣二《きんじ》監督の『仁義なき戦い』は広島のやくざ抗争を描いたものですが、あの映画の本当の主役は広島弁ではないかと思うくらいに、その言葉の存在感があります。正直すべての台詞は聞き取れないのですが、あの迫力は標準語では出ない気がします。

広島の方には失礼かもしれませんが、人をどやしつけるには広島弁以上の言葉はないでしょう。甲子園にたびたび出場する日大三高の小倉全由《まさよし》監督は『仁義なき戦い』が好きで、かつて練習でノックしながら広島弁で指示を飛ばしていたということですが、思わず納得してしまいます。

夏目漱石の『坊っちゃん』は江戸っ子らしい語り口が活かされた作品で、リズムがよく、するすると読めます。これは漱石が落語を参考にして書いたと言われていますが、言葉を通して坊っちゃんの身体性が感じられます。

さらに、日本語を学ぶ外国人にとって、短歌や俳句に見られる五七五（七七）のリズムを体得するのが意外に難しいと聞いたことがあります。日本人にとっては馴染みのあるリズムですが、そこには単純に言葉の意味や使われ方とは違う何かがあるようです。

世界そのものが感情的である

言葉はその土地によって異なる。それが方言ですが、ではその方言の違いがどこから生まれてきたのかを考えると、「風土」という言葉に行き当たります。

私たちは旅行に行くと、その土地の風土の違いを感じます。たとえば北海道や青森に行けば凍てつく冬と短い夏を感じさせる厳しさがありますし、反対に沖縄に行けばどこか時間がゆっくりと流れているかのようなおだやかさを感じます。

私はよくストップウォッチを使って時間を効率的に使うといったことをしていますが、旅行で沖縄に行ってそれをやろうとは思いません。

この風土という言葉を哲学的に分析したのが哲学者の和辻哲郎でした。和辻は著書『風土』で、着物や家屋、食文化の様式は風土によって規定されると述べています。和辻によれば風土とは、単純に気候を指すだけではなく、人間の「自己了解」であるとします。簡単に言えば、風土とは、そこに生きる人間のスタイルのことです。

我々は風土において我々自身を見、その自己了解において我々自身の自由なる形成に向かったのである。

（『風土』岩波文庫、15ページ）

我々はさらに風土の現象を文芸、美術、宗教、風習等あらゆる人間生活の表現のうちに見いだすことができる。風土が人間の自己了解の仕方である限りそれは当然のことであろう。

（同17ページ）

このようにして、和辻は風土の型によって人間のあり方が分類できるという考え方を示しました。そこから文化や歴史が生まれるのです。

たしかに、私たちは生まれた地方に特有の精神性があることを、比較的当たり前のように受け入れています。もちろん性格には個人差がありますから、ある土地で生まれた人が全員同じ精神構造をしているというのではありません。それでも、その土地の風土が身体を通して精神性を作り出していることは実感できます。

もっと直接的に、世界そのものに「感情」があるのだとしたのが、哲学者の大森荘蔵《しょうぞう》です。大森の言葉は分かりやすいので、そのまま引用します。

事実は、世界其《そ》のものが、既に感情的なのである。世界が感情的であって、世界そのものが喜ばしい世界であったり、悲しむべき世界であったりするのである。自分の心の中の感情だと思い込んでいるものは、実はこの世界全体の感情のほんの一つの小さな前景に過ぎない。（中略）

簡単に云《い》えば、世界は感情的なのであり、天地有情《うじょう》なのである。其の天地に地続きの我々人間も又、其の微小な前景として、其の有情に参加する。それが我々が「心の中」にしまい込まれていると思いこんでいる感情に他ならない。

（「朝日新聞」一九九六年十一月十二日夕刊／『天地有情の哲学』伊藤勝彦著、平凡社ライブラリー、14ページ）

つまり、私たちの感情と自然、すなわち外部世界の感情を分けて考えることはできないということです。「天地有情」とは、実に身体論的な面白い表現です。

登山をする人の話を聞くと、山の雄大さに包まれて、地上とは違う感覚になると言います。それは、大森に言わせれば、山の感情が山に登る人の感情と一体化しているということになるでしょう。

だとすれば、私たちは自らの身体を住みこませる場所を、自らの身体がフィットするかどうかに耳を澄ませて決める必要があるのではないでしょうか。

黙読中心となって失われたもの

こうして見ると、言葉は非常に強い身体性を持っていることに気づきます。

私たちは普段本を読む時に黙読することが多いですが、文字のない時代の物語は声を通して受け継がれていくものでした。

『古事記』は、稗田阿礼《ひえだのあれ》が暗誦していた古代の伝承をまとめたものとされますが、そこに至るまで名もなき人々が長きにわたって伝えてきたものです。それは身体から身体への引き写しです。

昔話にしても同様です。近代以前は文字を読めなかった人も多いですが、父母が子に伝える形で連綿と同じ物語が残ってきたのです。

前にも触れましたが、江戸時代の勉強は素読でした。意味が分からなくても、歌を歌うように身につけるやり方は、身体を使った勉強法と言えます。

このように元来、言葉は身体感覚とセットになったものでしたが、書き言葉が発達する過程で、次第に身体と離れていってしまいました。私は、これは言葉との本来の付き合い方ではないと考えます。

では、この素読のような方法を現在によみがえらせるにはどうすればよいか、と思って作ったのが『声に出して読みたい日本語』という本であり、その本がきっかけとなって生まれた「にほんごであそぼ」というテレビ番組です。子どもの頃から身体と言葉の良好な関係を取り戻すためには、何よりもまず言葉あそびの楽しさを知ることです。

そもそも、言葉の発生は身体性と無関係ではないと考えられます。

心理学における有名な「ブーバ・キキ」の実験があります。これは、ギザギザの直線でできた図形と丸い曲線でできた図形を見せたうえで、どちらが「ブーバ」でどちらが「キキ」かと尋ねるというものです。結果は、ほとんどの人が直線をキキ、曲線をブーバと答えます。

これは、私たちが普段「語感」と呼んでいるものです。「まみむめも」の音はどちらかといえばやわらかく、「かきくけこ」の音は堅く感じられる。むにゅむにゅとかりかりは、音を聞いただけで身体的な直感とつながります。

「ち」という言葉には、血と乳の意味がありますが、どちらも流れるものです。そこからさらに霊魂の意味も持ちます。ちという音がもつ感覚は神様の力につながり、たとえば「いかづち」や「ちはやふる」という言葉ができます。つまり、語感が基本になって意味が生まれてきていると考えられます。

言葉は音から生まれたのであって、文字ができたのは人類の歴史からみて最近のことです。ですから、たとえ黙読であっても「声が聞こえてくる」というのが本当の読書だと思います。

漫画を読む時、人はキャラクターの台詞をただ文字として認識しているわけではありません。必ず声となって聞こえているはずです。だからこそ漫画がアニメ化されたり、実写化されたりした時に、「この声優、俳優じゃない」といったような違和感を覚えることがあるのでしょう。

以前『スポーツマンガの身体』という本でも書いたのですが、漫画は静止画でありながら動きを表現しているものです。たとえばバスケットボールの身体性を井上雄彦《たけひこ》さんの『スラムダンク』という漫画はとてもよく表していました。

どんな漫画でもそうですが、連載開始時としばらく経ってからでは、絵のタッチが違うように感じられます。これは単純に描くことに慣れたというだけでなく、連載を続けていると作者自身もそのスポーツやキャラクターの身体性を取り込んでいくからではないかと思います。

演技や舞踊といったものは身体そのものを表現手段としたものですから、より直接的に感じられます。不思議なのですが、ダンスグループやアイドルグループなどを見ていても、集団の中で不思議とある人に目が行ってしまうことがあります。

それは一人だけ目立つ動きをしているわけではなく、たとえばその音楽の本質を理解してそれを身体の動きに変換できているからだと思います。

ただ与えられた振り付け通りに動いているのか、音楽を内側から生きているのか、その違いは見れば分かります。それが表現力と呼ばれるものではないでしょうか。そして、そういう人の表現には「くせ」になってしまうような身体的な心地よさがあり、そして真似をしたくなるような感染力があります。

食文化と身体性

日常において身体の声を聴くのによい方法が食事です。言うまでもなく食事は身体を通して摂取するもので、味覚だけでなく五感を通して味わうものです。

辛い料理を好きな人は多いですが、唐辛子や山椒などの辛さは舌のしびれとして感じられます。辛さが好きな人はこの刺激が心地よく感じられ、くせになるのでしょう。ちなみに中華料理では、味を構成する要素として辛さとしびれは別のものとされているそうです。

食感というのも身体的です。よく「サクサク感」とか「ふわふわ感」といったことが言われますが、それらは身体が感じる感触がまるで味のひとつとして感じられるものです。

食事へのこだわりは世界中どこの国でもありますが、日本では特にそれが強いように感じられます。というのも、外食産業を見ても分かるように日々新しい商品が開発され、メニューは細分化されているからです。

この「細分化」というのは文化の発達を示す一つの指標となります。「差異の体系」と言い換えてもよいでしょう。差異の体系とは、構造主義言語学のフェルディナン・ド・ソシュールが言ったことですが、言葉はそれ自体で意味を持つのではなく、他の言葉との関係の中で構造的に意味が生まれるという考え方です。

つまり、どれだけ違いを細分化していくかということが言語の発達であり、この考え方を食に当てはめてみれば、食の表現の細やかさというのは、その土地の食文化の発達を示すものでしょう。

二〇一三年には「和食」が世界文化遺産に登録されました。その理由としては、自然や四季を表現していること、年中行事との密接なかかわりといったことが挙げられています。

京料理などを見ていると、季節の素材を使うのはもちろんのこと、色合いや器なども秋ならば紅葉を表現したりします。湯豆腐なんてどこで食べても同じように思えますが、やはり南禅寺の前で食べると美味しく感じられるのは、味以外の要素も大きいでしょう。

花見の季節には、桜の下で宴会をしますが、思えば不思議な風習です。お酒はどこで飲んでもお酒ですが、花を愛《め》でながら飲むとなぜかいつも以上に華やいだ気分になる。それは春という季節を、お酒を通して自分の身体に取り込むことでもあるのではないでしょうか。

『徒然草』にも「月の夜、雪の朝、花の本にても、心長閑《のどか》に物語して、盃《さかづき》出《いだ》したる、万《よろづ》の興を添ふるわざなり」（175段）とあります。実は、この箇所は酒のさまざまな悪い点を列挙しているところなのですが、それでも月や雪、花を愛でながら友と語らい飲む酒はいいものだ、というのです。

こうした感覚は、身体が自然や季節と触れる中で育《はぐく》まれていくものです。かつて月夜の晩は思わず散歩したくなるような気持ちよさがありました。街灯のない時代には満月の明るさは本当に何か神々《こうごう》しい光に照らされているように感じたものですが、都市での生活が長くなるとそういったことに鈍感になってしまいがちです。

失われた身体性を取り戻すには

では、そうして近代化に伴い失われていく身体性を取り戻すにはどうすればよいでしょうか。

そこで私が提案したいのが、先のソシュールが提唱した「差異の体系」を技化していくことです。丸山圭三郎さんの『ソシュールの思想』（岩波書店）という本がありますが、それをヒントにして、身体に基づいた関係主義、構造主義的な視点を技として身につけるということを考えたのです。

もっと簡単に言えば、新しい言葉（や言葉の使い方）を身につけることで、新たな視点を得るということです。そうすることで今まで見えなかった全体の構造が見えるようになり、その構造の変化によって個々の問題の解決が見えてくるはずです。

明治の近代化において、技術の輸入以上に大切だったのが言葉の輸入でした。しかも単に外国語をそのまま持ってくるのではなく、西周《あまね》や福沢諭吉といった人たちが該博な漢文知識を活かして翻訳語として取り入れました。それらの翻訳語を通して、今の私たち日本人は西洋の身体性を知らず識らず取り入れていると言えます。

つまり、自分の中に新しい言葉の体系を取り込むことによって、その体系が持つ新たな身体性を身につけることができる。そうして新たな身体感覚を目覚めさせることによって、この世の中の豊かさを感じられるようになる、ということです。

日常的に俳句を詠む人は、俳句の身体性でもって世の中を眺めています。

「梅一輪　一輪ほどのあたたかさ」という服部嵐雪《はっとりらんせつ》（江戸時代の俳人）の句があります。梅一輪が咲いたかどうか、ほとんどの人は見逃してしまいます。けれども嵐雪は、その小さな出来事から季節の微かな変化を感じ取っているのです。

あるいは「竹馬やいろはにほへとちりぢりに」（久保田万太郎）という句も忘れられない趣《おもむ》きがあります。「いろはにほへと」という部分は「いろは」を習う小学校時代を想起させ、それが大人になってみんなそれぞれの道を進んだのだという解釈もできます。何よりも言葉遊びとして面白い。

現代でいえば、松任谷由実さんの「悲しいほどお天気」という曲がありますが、これも一瞬にしてその情景が想像できます。たとえその人が青く晴れた空を見て悲しいと思ったことがなくても、です。

いい文学や音楽作品などの言葉は、私たちが身体的に経験したものを想起させる力を持っています。脳というよりも身体感覚に積み重なって残っている記憶に訴えかけるものがあるのです。

身体の記憶はとてもプリミティブで強く残るものです。自転車に一度乗れるようになれば、何年も乗っていなくても身体がそれを覚えていて忘れることはありません。脳科学的には「手続き記憶」と呼ばれ、いわゆる知識的な記憶とは使われる脳の部位が異なります。

私も学生時代にテニスをずっとやってきましたから、大人になってやめてしまって久しぶりにプレーしても、その動きの基本的な感覚はすぐに呼び戻すことができます。

このように、一度身についた技は強固なもので、自分の身体に蓄積した記憶はいつでも呼び出せる財産となります。この身体の記憶を意識的に積み重ねていくというのは、現代の生き方を考えるうえでも有効なものだと思います。

自分が得意な「動詞」を見つける

具体的な方法の一つとして、自分の得意な動詞を発見するというのもよいと思います。たとえば「ぶつかる」という言葉を生き方のテーマとする。相撲の「ぶつかり稽古」みたいに相手に飛び込むようにして自分を成長させていくことができるかもしれません。反対に「すりぬける」をモットーとしても構いません。

企画を練《ね》ると言いますが、何か考えごとをしたりアイデアを出したりする際には、この「練る」という動作や感触を思い浮かべると、単にぼーっと考えるより上手くいきそうです。ストレスがたまりやすい人は「流す」というのも一つの手です。

私はかつてこのような「動詞人間学」と呼べるようなことを考えたことがあります。得意な動詞を武器にして世の中を生きていくというものです。

こうした考え方について、宮沢賢治を題材にして書いたのが『宮沢賢治という身体』（世織書房）という本でした。そこでは、賢治が世界とどのように関わっていたのかを考える方法として、地水火風のそれぞれに三つずつ、地（掘る・這い回る・研ぐ）、水（いやす・溶かす・かすませる）、火（上昇する・まつる・懸ける）、風（さらす・息を合わせる・すきとおらせる）と合計一二の動詞を挙げて考察しました。

たとえば、「さらす」。

宮沢賢治の物語には「風のとばしてよこしたお話」（『氷河鼠の毛皮』）といった記述がみられます。何かを思いつくことをインスピレーションが湧くと言ったりしますが、賢治は風にインスパイアされる、すなわち霊感を吹き込まれることを技としてもっていたのです。

風を感じる身体になるためには、積極的に風に身体を「さらす」ことが必要です。風にさらす構えでもって、微かな風の声に耳を澄ませるのです。その時の身体は、中身のつまった状態というよりは、風の通り道であるような「空」に近い状態と言えるでしょう。

動詞を考えるうえでも差異に注目してみてください。

「語る」と「朗読する」は似ているようで異なります。以前、『声に出して読みたい日本語』のCD版を作成した際、語りを専門とする平野啓子さんが芥川龍之介の『蜘蛛《くも》の糸』を朗読するとこうなります、語るとこうなりますとやってみせてくれたことがありました。朗読では文章を素直に音声化しますが、語りというのは一度自らの中に入れて出すので、そこに違いが生まれます。

あるいは、仕事などで大変な状況に置かれた時に、どうしていいか分からなくなってしまうことがあるかもしれません。そうした時に「しのぐ」のか「ねばる」のか。「しのぐ」のであれば、窮地に追い込まれたと思ったところにわずかな通り道が見えてきそうです。もうだめだ、と思った時に「ねばる」という言葉によってベタつくイメージが喚起され、もう少しだけ頑張ってみる力が湧いてくるかもしれません。

このように、精神的なものであっても身体的な感覚を通してコントロールすることが可能なのです。ただし、単に「頑張ろう」ではイメージが湧きにくく、具体的な動作に落とし込むことができません。そこで「しのぐ」とか「ねばる」といった身体感覚に基づく言葉を使う必要があります。

語彙力の少なさは致命的

こう考えた時、語彙力が少ないということが致命的になってきます。

言葉の使い方は時代によって変化するものですから「やばい」「かわいい」といった表現が悪いわけではありません。「やばい」という言葉が本来の意味を離れて好意的に捉えられるのは、一つの言葉の進化かもしれません。しかし、それしか知らないと、いざという時に身体感覚をうまく活かすことができなくなってしまうのです。

歴史に残る文学作品には、そうした言葉の豊かさがあります。川端康成や谷崎潤一郎の小説を読めば、日本語でこんなにも豊かな表現ができるのかと驚かされます。私が「にほんごであそぼ」でさまざまな文学作品を採り上げるのも、言葉と身体を結びつけるということを小さい頃からしてほしいという狙いがありました。

与謝蕪村《よさぶそん》の「春の海　ひねもすのたり　のたりかな」という有名な句があります。「ひねもす」というのは朝から晩まで一日中という意味ですが、いま日常で使うことはまずないでしょう。「のたり」にしてもあまり使われない。それでも「ひねもす」も「のたり」も語感だけで何となく意味が分かってしまう。あるいは意味を聞けば「なるほどそういう響きだ」と思える。それが言葉の持つ身体的な力です。

ガストン・バシュラールというフランスの哲学者がいます。彼は『蠟燭《ろうそく》の焔《ほのお》』という本で詩的想像力について次のように書いています。


それぞれの事物のうちの、形態を支えている力について少しでも考えてみるならば、すべての垂直存在のなかには焔が支配していることが容易に想像される。とりわけ、焔は直立する生命の動的要素である。われわれは先に「樹木は花咲く焔以外の何ものでもない」というノヴァーリスの思想を引用した。

（『蠟燭の焔』澁澤孝輔訳、現代思潮社、97ページ）

炎は上に燃え上がろうとします。だから逆に垂直なものというのは炎の要素が含まれる。言葉が結びつけるこうしたイメージは詩的ですが、誰もが実感できるものではないでしょうか。ゴッホの描く糸杉を思い浮かべてみれば、樹木の垂直性と炎のイメージの共通性が強く感じられます。これが詩的想像力です。

いまだに男女差別はなくなりませんが、男性が女性の身体性を実感できないのもその理由の一つだと思います。もちろん生物学的に異性になることは基本的にできませんが、言葉を通して多少なりともそれを想像することは有効ではないでしょうか。

「柔肌の　熱き血潮に　触れもみで　寂しからずや　道を説く君」という与謝野晶子《よさのあきこ》の『みだれ髪』に収録されている短歌があります。若い女性の滾《たぎ》るような熱い心をこんなに激しく表現したことに当時の人は驚いたわけですが、この歌からその生々しさを含めて感じ取ることができます。

もっと遡って、世界最古の小説とも称される『源氏物語』を読んでみれば、そこにはさまざまなタイプの女性が描かれています。身分の貴賤や性格によって同じ光源氏という人とどのような関係を結ぶのか。そうした感覚の細やかな違いは、紫式部が女性だからこそ描けたものだと思います。

主役は光源氏のようでいて、その実、源氏をとりまく女性一人ひとりの切なさなどの思いが細かく描かれています。その高い描写力に驚くと同時に、これを身体表現の素晴らしさとして見ていくと非常に読み応えがあります。

夕顔はおとなしいけれどもそこにあやしさも感じられ、六条御息所《ろくじょうのみやすどころ》は霊となって現れるくらいの激しい気性を持っている。これに対して男性の描く女性像というのはどこか画一的で、ともすればドラえもんのしずかちゃんみたいなアイドルかそれ以外、といったようなステレオタイプに陥りがちです。

古文で読むのは少しハードルが高いという場合には、現代語訳から入ってもよいと思います。『源氏物語』は驚くほどたくさんの現代語訳が出ています。与謝野晶子や谷崎潤一郎、最近では瀬戸内寂聴さんや林望《のぞむ》さん、大塚ひかりさん、角田光代さんも訳されています。

与謝野晶子のものはやはり女性ならではの身体感覚にうまく入り込んでいる気がします。

原文の格調を味わいたい人には林望さんがおすすめですし、大塚ひかりさんの訳では男女の営みがうまく表現されています。

これだけの現代語訳が出ているのは、それだけ原文の深みがあるということでしょう。現代語訳をすれば当然、訳す人の身体感覚も通して変換されるので、それぞれ雰囲気が異なります。私たちは訳の数だけたくさんの『源氏物語』を味わえるということでもあります。

どんな表現でも名作と呼ばれるものは、さまざまな形に変換されてもその面白さが変わらないという特徴があります。ビートルズの曲はジャズにアレンジしても格好いいですし、クラシック曲であるホルストの「ジュピター」をポップスにアレンジして平原綾香さんが歌えば、やはり多くの人の感動を呼びました。

「あこがれていく身体」が人の本性

ところで、これは『源氏物語』に限ったことではありませんが、せっかくなら声に出して読むということをおすすめします。声に出して読むことで紫式部の感覚が自分の身体を通って湧き上がり、黙読では得られない生きた感覚があるはずです。

実際、『源氏物語』を研究していたある先生は、ゼミで学生たちに声に出して読ませていたそうですが、そうすると一層深い理解に到達できると言っていました。

昔の作家はよく自作を朗読していたそうです。トルストイやドストエフスキー、カフカなども友人を呼んで最新作を読み上げていた。それだけ自分の身体にフィットする言葉を生むことができたのです。

声に出して読むということは、言葉のリズムやテンポを自分の身体で再現することです。すなわち、そうした作家の身体性を読み手は追体験するのです。

このように他人の身体性を取り込む際には、必ず真似から入ります。「学ぶ」という言葉が「真似ぶ」からきていることは有名ですが、身体の場合はまず同じ動作をしてみることから始まります。そのことで、人の身体を自分の身体で生きることができるのです。

ですから、能や歌舞伎など何でもよいので、自分が面白いと思ったものを真似てやってみるとよいでしょう。

宗教学者の山折哲雄先生は、子どもの頃には友達と集まって歌舞伎の「白波五人男」などの真似をしていたと話していました。そのようにして歌舞伎の身体性が庶民にも受け継がれていたのです。

子どもの頃にはみなさんも、ままごとやごっこ遊びをしたと思います。プロレスの技を掛け合ったり、アイドルの振り付けを真似たりすることで、突出した人たちの身体を自分の中に取り入れるのです。

大人になるにしたがってそうしたことをしなくなるのですが、実はこれはもったいないことです。

私は以前、あるテレビ番組に出演した際に、語源の解説をルパン三世の真似をしながら話してくれというとんでもないオファーを受けました。もちろん、ルパンの物真似なんてしたことはありません。私の物真似が似ていたかどうかはさておき、やってみると面白いもので、アニメのキャラクターであるルパン三世の軽いノリが自分の中に入ってくるような感覚を覚えました。

子どもの頃にかっこいいと思う、あるいはかわいいと思うキャラクターの真似をしたことのある人は多いと思います。私たちは本性的になりたいと思うものを真似することで、同化したいという気持ちを持っています。

いわば「あこがれていく身体」とも言うべきものが私たちの本性であり、それは子どもだけでなく大人も活かすべきものであるのです。能でも歌舞伎でもヨガでも何でも構いません。

さまざまな身体技法には、それぞれの面白さがあるはずです。

身体への関心の高まり

本書では、ストレスを感じやすい現代において、できるだけ幸せに生きるためにはどうすればよいかを考えてきました。「幸せとは何か」は、人によってさまざまですから、なかなか答えを出すことが難しい問いです。

そこで、幸せという言葉を「豊かに生きる」と言い換えてみます。

私たちは、人間関係でも仕事や財産についても、より豊かであることを目指しているからです。しかし、「豊か」という言葉の意味を、自分の持っているものを増やすことと捉えると、とたんに難しくなってきます。

友人との付き合いや恋愛、結婚においてうまくいくこともあれば失敗してしまうこともある。仕事についても同じです。では、成功した人、初めから「豊か」な状態で生まれてきた人だけが幸せであって、そうでない人は幸せでなくなってしまうのか。

世の中には成功する人も失敗する人もいる。これはしかたのないことです。社会をより良くすることで、できるだけ多くの人が豊かに暮らすことは目指されるべきですが、それだけでは満たされないものがでてきてしまうことは、第1章で述べた通りです。

ですから、私は自分が持っているものの豊かさばかりを見るのではなく、この世界にすでにある豊かさに着目することで、現代人の幸せというものを考えてみたいのです。

そのための方法として、私の研究してきた身体論が役に立つというのが、本書の提案です。西洋的合理思考は、科学技術に支えられた近代社会をつくりあげました。そのすごさは第2章で見たとおりです。

しかし、現代人の持つストレスの多くは、近代的な合理主義的考え方だけでは解決できない部分が多いと感じます。いわゆる「頭でっかち」の状態となっていて、身体の知恵が軽視されてきたことにその原因があります。

そうした身体性を教育方法に取り入れる中で、この考え方は「生き方の技法」にもなると感じられました。

そもそも教育方法論とは、学校で教師が教科内容を教えるための技術というだけでなく、人と人が共に学ぶことのできる関係をつくりだすための方法を研究するものです。他者との関わりあいの中で、その他者との間に新しい意味が生まれ、互いの世界が豊かになるクリエイティブな関係性を目指す学問です。

私は、長らく日本文化に身体性を取り戻すことを目指してきましたが、一方で最近の日本人の身体に対する関心は非常に高いとも感じます。

ビジネスパーソンでも忙しい合間を縫《ぬ》ってジムに通ったり、ランニングをしたりする人は増えています。「体幹」という言葉もブームを経て、すっかり一般的な用語となりました。若者にはヒップホップカルチャーが一般的なものとなり、中学では武道と合わせてダンスも教科として指定されました。

音楽でもCDなどソフトの売上げは減ったと言いますが、一方でライブは活況です。野球はすっかり地上波テレビで放送されなくなりましたが、球場の観客数は伸びているそうです。多くの人が身体性を伴ったリアルなものを求めている時代なのです。

これは、ある意味で危機感の表れなのかもしれません。ストレスが溜まる生活の中で、身体のエネルギーの行きづまりをどうにかして解消しないとだめだと、本能的に感じているのではないでしょうか。

人は、不自由になった時にかえって豊かさに気づくということがあります。

盲目となりながら『群書類従《ぐんしょるいじゅう》』などの膨大な書物を編纂《へんさん》した、江戸時代の国学者である塙保己一《はなわほきいち》という人がいます。ある時、部屋のろうそくが風で消えて皆が慌てふためいている中で、目の見えない保己一は「目が明いているというのは不自由なものですな」と言ったそうです。

日本人の身体性が失われつつあることによって、逆に身体の持つ可能性に気づき、身体に対する認識の感度は高まっているようにも思えます。

コミュニケーションも身体から

今はコミュニケーションの時代です。コミュニケーションというのは、突きつめれば人と人との関係であり、現代人のストレスの多くはこの対人的なものです。その原因の一つは、コミュニケーションを言葉の側面だけで捉え、IT（情報技術）の発達によって、それが過剰になっていることにあるような気がします。

コミュニケーションというと言葉の側面に偏りがちですが、実は身体を通したコミュニケーションにもう少し着目すべきだと思います。

ファッション誌「ELLE」の編集長だったジャン＝ドミニック・ボービーは、脳出血で倒れ身体的自由を失います。記憶も意識もしっかりしているのに体が動かないロックトイン・シンドロームと呼ばれる状況で、彼は唯一動く左目を使って自分の状況を『潜水服は蝶の夢を見る』という本にまとめました。

ダルトン・トランボの小説で映画化もされた『ジョニーは戦場へ行った』は、主人公のジョー・ボーナムが第一次大戦で両手足と目・鼻・口・耳を失ってしまう物語です。触覚だけが残されたジョーが何とかして自分に意識があることを伝えようとします。

どちらの物語も、何らかの理由で言葉を失った人であっても、他の人とのコミュニケーションを決してあきらめられない、人間の根源的な欲求を表しているように感じます。

第3章で紹介したメルロ＝ポンティの『知覚の現象学』には、「ちょうど私の身体の諸部分が相寄って一つの系をなしているように、他者の身体と私の身体もただ一つの全体をなし、ただ一つの現象の表裏となる」（『知覚の現象学2』218ページ）という記述があります。

コミュニケーションとは、他者の身体と自分の身体が絡み合って一つの系をなしているということです。

コミュニケーションをこうした身体性を持ったものと捉えたうえで、再びそれを言語と結びつける。そのようにして言葉と身体を中心に、この世界を豊かに生きていくということを考えたい。それが本書で繰り返し述べてきたことです。

仕事で使う言葉の多くは、情報を伝えることに特化しています。その最たるものが官僚用語と呼ばれるものでしょう。そうした身体性を伴わない言葉ばかりを使うよう強いられるのが現代人です。

まずは、その実態に気づき自ら言語体系を変えていくことです。そのために必要なのが、本書で紹介した身体技法を実際にやってみることです。

ダンスでも能でも俳句でもよいので何か一つ習ってみる。外に習いに行くのが難しいようでしたら、呼吸のしかただけでも変えてみてください。何か一つを練習していくと、そのプロセスで自分の身体の感覚が磨かれていくことに気づくはずです。

長い時間の中で培われてきた身体技法には多様なものがあります。どれがベストということはないので、自分にフィットする方法を見つけることが重要です。私がおすすめする音読は、まさに言葉と身体を分かりやすく結びつけるものです。

身体と言葉を結びつけることによって、目の前にあるこの世界の豊かさを味わう。自分の身体の感覚の網の目を細やかにしていくことによって、その感覚が受け取るものはより豊かになっていきます。

必ずしも才能や頭の良さ、人脈などの社会資本や財産に恵まれて生まれてこなくても、一人ひとりが豊かに生きることは可能である。個人主義、能力主義の時代に、身体を通してそのような価値観が見直されることを願っています。

生《い》きることの豊《ゆた》かさを見《み》つけるための哲学《てつがく》

二〇一九年九月二〇日　初版第一刷発行

著　者　齋藤《さいとう》　孝《たかし》
発行者　工藤秀之
発行所　株式会社トランスビュー
〒一〇三－〇〇一三
東京都中央区日本橋人形町二－三〇－六
電話　〇三－三六六四－七三三四
URL　http://www.transview.co.jp/

装　丁　小口翔平＋山之口正和（tobufune）
印刷・製本　中央精版印刷

ISBN 978-4-7987-0174-5 C0010